河北省"十四五"职业教育规划教材

高等职业学校"十四五"规划汽车专业群新形态特色教材

新能源汽车驱动电机及控制技术

主　编　王再宙　高　欣　江　军

副主编　罗　伟　昝雪松　周志宏

　　　　李文广　孙志华

华中科技大学出版社

中国·武汉

内 容 简 介

本书以纯电动汽车驱动电机和控制器为对象,结合汽车维修企业典型案例,采用项目教学法编写,贴近企业实际工作,符合职业教育的特点。此外,本书遵循"岗课赛证"融合原则,融入真实案例及课程思政内容,坚持以职业能力为本位,以应用为目的,为学生营造真实的工作环境。全书共有5个项目,每个项目各有2个学习任务,每个学习任务附有相应的工单,图文并茂,可操作性强。

本书可作为高等职业学校和高等专科学校的新能源汽车技术及相关专业的教学用书,也可作为汽车相关领域专业技术人员的参考用书及培训用书。

图书在版编目(CIP)数据

新能源汽车驱动电机及控制技术 / 王再宙,高欣,江军主编 . -- 武汉 : 华中科技大学出版社, 2024.12. -- (高等职业学校"十四五"规划汽车专业群新形态特色教材). -- ISBN 978-7-5772-0690-5

Ⅰ . U469.720.3

中国国家版本馆 CIP 数据核字第 2024UP3925 号

新能源汽车驱动电机及控制技术　　　　　　　　　　　　王再宙　高 欣　江 军　主编
Xinnengyuan Qiche Qudong Dianji ji Kongzhi Jishu

策划编辑:王　勇　胡周昊

责任编辑:郭星星

封面设计:廖亚萍

责任监印:朱　玢

出版发行:华中科技大学出版社(中国·武汉)　　　电话:(027)81321913
　　　　　武汉市东湖新技术开发区华工科技园　　　邮编:430223

录　　排:武汉三月禾文化传播有限公司

印　　刷:武汉科源印刷设计有限公司

开　　本:787mm×1092mm　1/16

印　　张:11.75

字　　数:269千字

版　　次:2024年12月第1版第1次印刷

定　　价:49.80元

高等职业学校"十四五"规划汽车专业群新形态特色教材

/ 编审委员会 /

◉ 总主编：

张国方　　武汉理工大学

◉ 委　员（排名不分先后）：

白树全　　包头职业技术学院

谢计红　　武汉交通职业学院

曾　鑫　　武汉软件工程职业学院

张红伟　　广州科技贸易职业学院

张红英　　武汉城市职业学院

张　蕾　　天津职业技术师范大学

周广春　　武汉软件工程职业学院

前言

随着新能源汽车保有量的增多和技术的快速发展，市场急需大批具备新能源汽车维护和维修知识的人才。新能源汽车维修技术是一门全新的技术，涉及众多学科知识，目前知识体系尚不成熟，而新能源汽车专业是很多职业院校正在积极建设的专业，相关书籍较缺乏。市面上的许多相关书籍主要聚焦于混合动力电动汽车的发动机维修，甚少涉及纯电动汽车的核心部件——驱动电机及其控制器的维修知识。即便有些资料涉及这些领域，也往往偏向于设计和制造技术，理论性较强，与实际维修工作要求的知识储备存在一定差距。

基于此，本书专注于纯电动汽车驱动电机及其控制器的维修技术，内容紧密结合汽车维修企业的实际工作需求和职业教育的特点，力求为读者提供实用、易懂的维修指导。通过深入浅出的讲解和丰富的案例分析，本书旨在帮助学生和维修技术人员更好地理解和掌握纯电动汽车驱动电机及其控制器的维修技能，以适应新能源汽车维修行业的快速发展。

本书采用项目教学法和情景教学模式，紧密贴合"岗课赛证"融合的教学原则，旨在实现理论与实践的有机结合。本书紧跟汽车行业的前沿技术，确保教学内容与汽车行业标准相匹配。同时，本书充分考虑了国家经济和社会发展的需求，以学生为中心，致力于培养学生的实际操作能力和创新思维，为学生的职业发展和终身学习奠定坚实的基础。本书有新能源汽车驱动电机系统认知、新能源汽车驱动电机拆装与检修、新能源汽车驱动电机冷却系统拆装与检修、新能源汽车电机控制技术认知、新能源汽车电机控制器拆装与检修五个项目，每个项目包括两个学习任务和两个任务工单。全书以比亚迪 E5、吉利帝豪 EV450 车型为例，通过实际案例分析，使理论知识更加生动、具体，便于读者理解和应用。这种以实际车型为依托的教学方法，不仅有助于学生更好地掌握新能源汽车驱动电机及控制技术，也为其未来的职业实践提供了宝贵的参考。

本书由河北师范大学职业技术学院王再宙、武汉软件工程职业学院高欣、湖北工业职业技术学院江军担任主编，襄阳职业技术学院罗伟、湖北工业职业技术学院昝雪松、湖南三一工业职业技术学院周志宏、河北师范大学职业技术学院李文广、东风汽车集团有限公司研发总院孙志华担任副主编,高欣负责全书的统稿工作。

　　由于编者水平有限,书中难免有错漏之处,敬请读者批评指正。

编者
2024年6月

PPT课件

目录

新能源汽车驱动电机系统认知

【项目介绍】

　　本项目主要学习新能源汽车驱动电机系统的基础知识,包括新能源汽车驱动电机的种类及特点和新能源汽车驱动电机的结构与原理2个学习任务。学习任务1重点介绍新能源汽车驱动电机系统的结构、驱动电机的种类及特点;学习任务2重点介绍新能源汽车用各种电机的结构和工作原理。

【教学目标】

知识目标

1. 熟悉驱动电机系统的基本结构及功能;
2. 掌握驱动电机的分类及特点;
3. 掌握驱动电机的基本结构及工作原理。

能力目标

1. 能够识别驱动电机系统的主要零部件并介绍各个部件的功能;
2. 熟悉驱动电机的分类;
3. 能够识别常见新能源汽车用电机并介绍各种电机的特点及工作原理。

素养目标

1. 具有民族自豪感;
2. 具备认真踏实的工作态度;
3. 养成团结精神和协作精神;
4. 具备发现问题并解决问题的探索精神;
5. 严格执行6S现场管理,培养学生的规范意识和爱岗敬业的劳动态度。

学习任务1　新能源汽车驱动电机的种类及特点

【任务描述】

新能源汽车驱动电机系统是新能源汽车的三大核心部件之一,是车辆行驶的动力源,其特性直接影响到整车的动力性和舒适性。

客户张先生的比亚迪E5电动汽车进店维护,需要对车辆的电机系统进行基本检查,作为维修技师,请你参照维修手册,对客户车辆进行标准检查。

【理论知识】

1. 新能源汽车驱动电机系统概述

电机是将电能转换成机械能或将机械能转换成电能的装置,能够输出一定的转矩和转速。由于新能源汽车使用电机驱动车辆行驶,因此电机通常称为驱动电机。驱动电机通常由定子、转子及其他部件组成,定子提供磁场,转子输出动力。

新能源汽车驱动电机系统主要由驱动电机和电机控制器组成,与其他系统及元件相互配合,保证车辆按照驾驶员的意图行驶。驱动电机是新能源汽车的三个核心部件(动力电池系统、驱动电机、电控系统)之一,是车辆行驶的动力源,其特性直接影响到整车的动力性和舒适性,电机控制器为驱动电机提供三相交流电,控制电机的转速、输出转矩等参数。驱动电机系统的结构如图1-1-1所示。

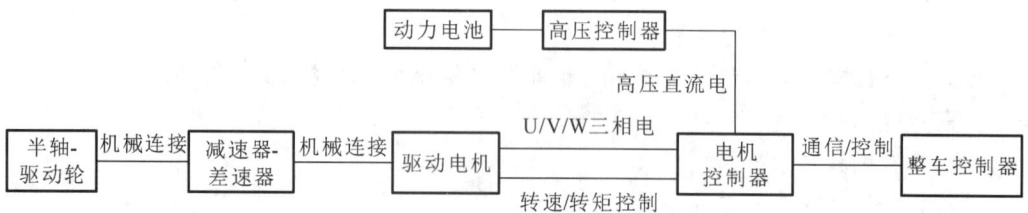

图1-1-1　驱动电机系统结构示意图

驱动电机为整车提供动力,通过减速器、差速器、半轴等将动力传递到驱动轮,从而驱动车辆行驶。由于驱动电机具有较高的启动转矩和较宽的调速范围,因此,通常和电机配合使用的是固定速比的减速器,一般不需要使用变速器。减速器的主要功能是将驱动电机的转速降低、转矩升高,从而满足整车的速度和转矩要求。在驱动系统布置方案上,由于驱动电机具有体积小的特点,因此可以在汽车的前桥和后桥分别布置一台电机,实现四驱(图1-1-2)。

2. 驱动电机的分类

根据工作电源的不同,驱动电机可分为直流电机和交流电机。其中,直流电机又分为有刷直流电机和无刷直流电机;交流电机主要包含单相电机、三相电机和开关磁阻电机。驱动电机的具体分类如图 1-1-3 所示。

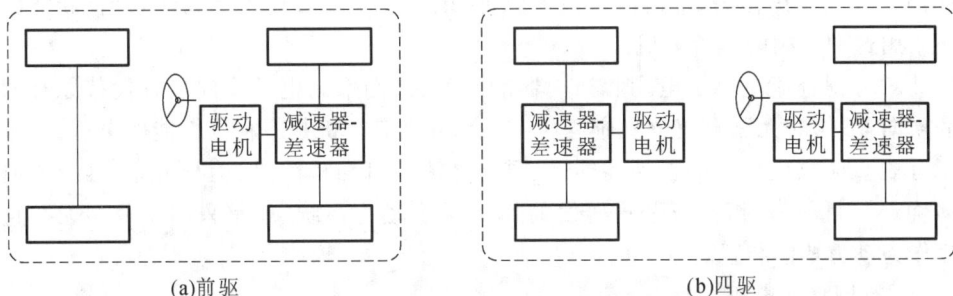

(a)前驱   (b)四驱

图 1-1-2　电动汽车驱动系统布置方案(前驱和四驱)

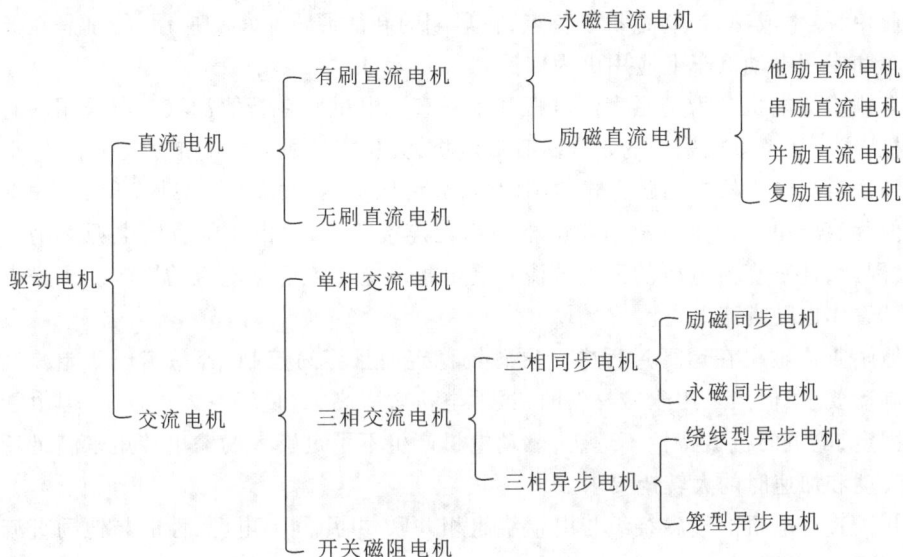

图 1-1-3　驱动电机的分类

　　纯电动汽车最早采用的是直流电机,随着电子技术和自动控制技术的发展及纯电动汽车技术要求的提高,无刷直流电机、三相异步电机、永磁同步电机及开关磁阻电机等显示出比有刷直流电机更为优越的性能,所以在纯电动汽车中应用越来越广泛。

　　目前直流电机主要用于微型低速电动车,相对于直流电机,交流电机具有更好的综合性能,是目前新能源汽车驱动电机的主流,其中永磁同步电机和三相异步电机在目前市场上应用更加广泛,国产新能源汽车绝大多数使用永磁同步电机,开关磁阻电机主要应用于部分客车。

3. 驱动电机的特点

1) 直流电机

　　直流电机(图 1-1-4)包括有刷直流电机和无刷直流电机两种,具有启动加速时驱动力大、调速控制简单、技术成熟等优点。但是有刷直流电机的电枢电流由电刷和换向器引入,一方面,由于换向时产生电火花,因此换向片容易烧蚀,

图 1-1-4　直流电机外观

电刷容易磨损,需经常更换电刷和换向片,维护工作量大;另一方面,由于电刷与换向器接触部分存在摩擦作用,因此电机效率较低,电机的工作转速也不高。目前,新能源汽车不采用这种有刷的直流电机。

针对有刷直流电机中电刷和换向器的问题,人们采用电子换向装置代替原有的电刷和换向器,这时无刷直流电机应运而生。无刷直流电机是一种高性能的电机,它既保留了有刷直流电机优良的调速性能,又具有交流电机结构简单、运行可靠、维护方便等诸多优点。目前,本田汽车公司研发的IMA混合动力系统,就是采用超薄型无刷直流电机作为动力辅助装置。

(1)有刷直流电机。

有刷直流电机就是将直流电能转换成机械能的电机,是电机的主要类型之一,具有结构简单、技术成熟、控制容易等特点,在早期的新能源汽车得到应用,特别是在场地电动汽车和专用电动汽车上应用更为广泛。

有刷直流电机分为励磁直流电机和永磁直流电机。在新能源汽车所采用的有刷直流电机中,小功率电机采用的是永磁直流电机,大功率电机采用的是励磁直流电机。

励磁直流电机根据励磁方式的不同,可分为他励式、并励式、串励式和复励式四种。

他励直流电机的励磁绕组与电枢绕组无连接关系,而由其他直流电源对励磁绕组供电,因此,他励直流电机的励磁电流不受电枢端电压或电枢电流的影响。永磁直流电机也可看作他励直流电机。

他励直流电机在运行过程中励磁磁场稳定而且容易控制,容易实现新能源汽车的再生制动要求,但当采用永磁材料时,虽然电机效率高、重量轻且体积较小,但由于励磁磁场固定,电机的机械特性不理想,驱动电机产生不了足够大的输出转矩来满足新能源汽车起动和加速时的大转矩要求。

并励直流电机的励磁绕组与电枢绕组相并联,共用同一电源,性能与他励直流电机基本相同。并励绕组两端电压就是电枢两端电压,但是励磁绕组用细导线绕成,其匝数很多,因此具有较大的电阻,使得通过它的励磁电流较小。

串励直流电机的励磁绕组与电枢绕组串联在直流电路中,串励直流电机在低速运行时,能给新能源汽车提供足够大的转矩,而在高速运行时,电机电枢中的反电动势增大,与电枢串联的励磁绕组中的励磁电流减小,电机高速运行时的弱磁调速功能易于实现,因此,串励直流电机驱动系统能较好地符合新能源汽车的特性要求。但串励直流电机由低速到高速运行时弱磁调速特性不理想,随着新能源汽车行驶速度的提高,驱动电机输出转矩快速减小,不能满足新能源汽车高速行驶时由于风阻大而需要输出较大转矩的要求。串励直流电机运行效率低,在实现新能源汽车的再生制动时,由于没有稳定的励磁磁场,再生制动的稳定性差。另外,由于再生制动需要增加接触器切换频率,因此驱动电机控制系统的故障率较高,可靠性差。串励直流电机的励磁绕组损耗大,体积和质量也较大。

复励直流电机有并励式和串励式两个励磁绕组,电机的磁通由两个绕组内的励磁电流产生。复励直流电机的并励部分容易产生稳定的磁场,因此,用该类电机构成驱动系统时易实现再生制动功能。同时,相比他励或并励直流电机,复励直流电机能够输出更高的转矩,以满足新能源汽车的爬坡需求,而电机的质量和体积比串励直流电机要小。

小功率(0.1~10 kW)直流电机采用的是小型高效的永磁直流电机,可以应用在小型、低速的搬运设备上,如休闲用电动汽车、高尔夫球车、电动叉车等。

中等功率(10~100 kW)直流电机采用的是他励、复励或串励直流电机,可以用于结构简单、转矩要求较大的电动货车。

大功率(大于100 kW)直流电机采用串励直流电机,可用在要求低速、高转矩的专用电动汽车上,如矿石搬运电动汽车等。

有刷直流电机的启动转矩大,在用作新能源汽车的驱动电机时,新能源汽车的起步和加速性较好。

(2)无刷直流电机。

无刷直流电机的外特性好,非常符合新能源汽车的负载特性,尤其是具有低速大转矩特性,能够提供大的启动转矩,满足新能源汽车的加速要求,可以在较宽速度范围内运行。由于无刷直流电机转子具有很高的永久磁场,在新能源汽车下坡或制动时电机可完全进入发电机状态,给动力电池充电,同时起到电制动作用,减轻机械制动负担,因此无刷直流电机过载能力强,再生制动效果好。此外,无刷直流电机体积小、质量轻、比功率大,可有效地减轻整车质量、节省空间。

无刷直流电机的控制系统比较复杂,如果逆变器输出波形不理想,会出现较大的转矩脉动,影响电机的低速性能,电流耗损大,噪声较大。永磁体材料在受到高温时,会发生退磁现象。由于永磁体的作用,转子在高速旋转时电机会产生与转速成正比的反电动势,这个反电动势通过逆变器反接二极管施加在高压母线上,因此会造成一定的安全隐患。

(3)直流电机的优缺点。

总体上讲,相对于交流电机,直流电机具有以下优点。

① 调速性能良好。直流电机具有良好的电磁转矩控制特性,可实现均匀平滑的无级调速,且具有较宽的调速范围。

② 启动性能好。直流电机具有较大的启动转矩,能适应新能源汽车起步驱动特性的需要,可实现快速起步。

③ 具有较宽的恒功率范围。直流电机恒功率输出范围较宽,可确保新能源汽车具有良好的低速起动性能和高速行驶能力。

④ 控制较为简单。直流电机可采用斩波器实现调速控制,具有控制灵活且高效、质量轻、体积小、响应快等特点。

⑤ 价格较为便宜。直流电机的制造技术和控制技术都比较成熟,虽然直流电机本身的价格不低,但是其控制装置简单、价格较低,因而整个直流电机驱动系统的价格较便宜。

同时,直流电机的主要缺点体现在以下几个方面。

① 效率较低。总体上,有刷直流电机的效率低于单相交流电机、三相交流电机和开关磁阻电机。

② 维护工作量大。有刷直流电机工作时电刷与换向器之间会产生换向火花,换向片容易被烧蚀,电刷也容易磨损,因此,电机的工作可靠性较差,需要经常进行维护。

③ 转速低。有刷直流电机转速越高,电刷与换向器之间产生的换向火花就越大,严重时形成火花环,这就限制了直流电机转速的提高。

④ 质量和体积大。有刷直流电机的结构较复杂,功率密度低,质量大,体积也大。

2) 交流电机

(1) 交流异步电机。

交流异步电机又称感应电机,其转子和定子部分都包含绕组,是由气隙旋转磁场与转子绕组感应电流相互作用产生电磁转矩,从而实现电能转换为机械能的一种交流电机。

按照转子结构来分,交流异步电机可以分为笼型异步电机和绕线型异步电机;按照定子绕组相数来分,有单相异步电机、两相异步电机和三相异步电机。

交流异步电机(见图1-1-5)在特斯拉纯电动汽车上应用较多,交流异步电机很容易实现正反转,再生制动能量的回收也更加简单。当采用笼型转子时,交流异步电机还具有结构简单、坚固耐用、价格便宜、工作可靠、效率高和免维护等优点。

图1-1-5 特斯拉交流异步电机

(2) 永磁同步电机。

新能源汽车使用的永磁同步电机大多为交流永磁同步电机(permanent magnet synchronous motor, PMSM)。永磁同步电机的转子中包含永磁体,结构上与无刷直流电机相似,不同之处在于,它采用正弦波驱动,而无刷直流电机多采用方波驱动。此外,永磁同步电机采用定子磁场定向矢量控制(field oriented control, FOC),并利用转子的连续位置反馈信号来实现精确的调速和换向。这种控制方式使得 PMSM 在运行时更加平滑,效率更高,且能提供更好的动态性能。

根据转子与定子的相对位置不同,永磁同步电机可以分为外转子式、内转子式和盘式三种。

① 外转子式:定子位于轴心位置,转子位于定子外圆处,围绕轴心旋转。

② 内转子式:转子位于轴心位置,定子位于转子外圆处,转子绕轴心旋转。

③ 盘式:定子、转子均为圆盘形,在电机中对等放置。

新能源汽车更多采用内转子式永磁同步电机。

永磁同步电机主要具有以下优点:

① 采用永磁体产生转子磁场,无须励磁,结构相对简单,转子可以在很低的转速下保持同步运行。

② 功率密度大、工作效率高,采用磁能密度高的永磁体材料,提高了气隙磁通密度和能量转化效率,减轻了电机的体积和重量。

③ 瞬态特性好,转子使用永磁体材料,降低了转子重量,使电机具有更好的瞬态响应速度。

④ 结构多样化,可以实现内转子式或者外转子式,以适应不同的应用场合。

因此,永磁同步电机受到世界各大汽车生产厂商的重视。中国、日本等国家的新能源汽车广泛应用永磁同步电机。比亚迪公司所使用的永磁同步电机如图1-1-6所示。

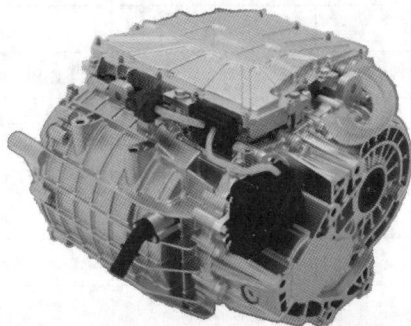

图1-1-6 比亚迪永磁同步电机

(3) 开关磁阻电机。

开关磁阻电机(图1-1-7)是一种新型电机,定子与转子通常由普通硅钢片叠压构成,形成了双凸极结构。开关磁阻电机具有结构简单、成本低廉、性能可靠、启动性能好等特点,同时结合了交流感应电机的变频调速能力和直流电机的调速优势。然而,开关磁阻电机存在较大的转矩波动,导致噪声问题严重,从而限制了其在新能源汽车领域的应用。尽管如此,国内的一些学者已经对减少开关磁阻电机的转矩波动和噪声问题进行了研究,并取得了一系列成果。因此,凭借其卓越的性能,开关磁阻电机被认为是新能源汽车驱动电机系统发展的一个潜在方向。

图1-1-7 开关磁阻电机

随着电子技术和计算机技术的飞速发展,新的电机理论与控制方式层出不穷,正推动着新的电机驱动技术迅猛发展。高密度、高效率、轻量化、低成本、宽调速牵引的电机驱动系统已成为各国研究和开发的主要热点,如永磁式开关磁阻电机、转子磁极分割型混合励磁结构同步电机及永磁无刷交流电机等。

各种电机的性能比较见表1-1-1。

表1-1-1　各种电机的性能比较

项目	直流电机	交流电机		
		交流异步电机	永磁同步电机	开关磁阻电机
转速范围/(r/min)	4000～6000	4000～20000	4000～10000	＞15000
功率密度	低	中	高	较高
功率因数			0.90～0.93	0.60～0.65
峰值效率/(%)	9	94～95	95～97	85～90
负荷效率/(%)	7	90～92	85～97	78～86
过载能力/(%)		300～500	300	300～500
电机质量	重	中	轻	轻
电机外形尺寸	大	中	小	小
可靠性	一般	好	优良	好
结构坚固性	差	好	一般	优良
控制操作性能	最好	好	好	好
控制器成本	低	高	高	一般

4. 驱动电机的基本参数

电机的各项参数是根据国家标准以及电机的设计、试验数据而确定的额定运行数据,是电机运行的基本依据。电机的基本参数主要包括以下各项。

1) 额定功率

额定功率是指额定运行情况下轴端输出的机械功率,单位为W或kW。

2) 额定电压

额定电压是指外加于线端的电源线电压,单位为V。

3) 额定电流

额定电流是指电机额定运行(额定电压、额定输出功率)情况下电枢绕组(或定子绕组)的线电流,单位为A。

4) 额定频率

额定频率是指电机额定运行情况下定子绕组的通电频率,单位为Hz。

5) 额定转速

额定转速是指电机额定运行(额定电压、额定频率、额定功率)的情况下,电机转子的转速,单位为r/min。

6）功率密度

功率密度是指电机的输出功率与其重量之比，单位为 kW/kg。

当电机在额定运行情况下输出额定功率时，称为满载运行，这时电机的运行性能、经济性及可靠性等均处于优良状态。电机的输出功率超过额定功率时称为过载运行，这时电机的负载电流大于额定电流，这种情况将会引起电机过热，从而缩短电机的使用寿命，严重时甚至烧毁电机。电机的输出功率小于额定功率时称为轻载运行，轻载运行时电机的效率和功率因数等运行性能均较差，因此，电机应尽量避免轻载运行。

5. 驱动电机的性能要求

新能源汽车在行驶过程中经常需要频繁地起动、停车、加速、减速，这些操作对电机性能提出了更高的要求，与一般工业用途的电机相比，新能源汽车所使用的电机需要具备以下性能特点：

（1）体积小，功率密度大。由于新能源汽车整车空间有限，这就意味着驱动电机和电机控制器的尺寸将受到限制，因此要求驱动电机结构紧凑，体积小，同时具备足够的功率密度，以满足车辆轻量化的要求。

（2）瞬时功率大、带负载启动性能好、过载能力强，以提供较好的加速性能，使车辆具备足够的爬坡性能。

（3）工作效率高，高效区广。汽车在行驶过程中，车速变化范围广，驱动电机转速范围也大，电机应能在较广的转速范围内保持高的工作效率。

（4）驱动电机应能够在汽车减速时实现能量回收，以提高车辆的续航里程。

（5）结构坚固，适合批量生产。汽车行驶过程中面临振动冲击，驱动电机应满足可靠性好、能够在较恶劣的环境下长期工作、使用寿命长等要求。

（6）运行时噪声低，以使车辆具有良好的驾乘舒适性。

6. 驱动电机系统的发展趋势

目前的驱动电机系统主要采用集中式驱动，依托驱动电机体积小、功率密度高的优势，电机布置较为灵活，可以通过电机前置、电机后置和双电机实现前驱、后驱或者四驱。电机的诸多优点使新能源汽车可以实现多电机驱动，多电机驱动为驱动系统构型创新带来了巨大的机遇。技术上，正在由电机单一动力源驱动向电机多动力源驱动转变，轮毂电机就是下一代驱动系统发展的重要方向。轮毂电机是一种将电机集成在车轮内、能直接驱动车轮运行的电机，能实现90°转向、原地掉头等操作。轮毂电机可以直接驱动车轮，省去了机械差速器、传动轴等部件，传动效率进一步提高，驱动系统的结构得以简化。同时，轮毂电机的使用增大了簧下质量，降低了整车的舒适性和稳定性，对电机的稳定性、散热性能和耐冲击性能提出了更高的要求。

基于轮毂电机的分布式驱动控制策略及关键技术仍然需要突破，包括分布式驱动电机构型与结构优化设计、驱动电机总成设计及效率优化控制、车身姿态控制与多动力学间协调控制、驱动电机车辆动力与能量控制。

我国的电动汽车轮毂电机在技术和设计开发方面已取得了阶段性成果。例如，比亚迪公司已发布了全新核心技术"易四方"。这项技术能够实现高附着力原地掉头、应急浮水脱困等功能,四个电机独立对车辆四轮进行驱动,通过感知力更强的驱动电机系统,以毫秒级的速度独立调整四轮的轮端动态,从而更精准地控制车身姿态。在未来,我国轮毂电机的发展也将取得更多的突破性成就。

【实践知识】

定期对电机系统进行检查与维护,有利于使电机系统工作在良好状态。电机系统的日常检查包括电机及电机控制器的外观检查;对插接件及紧固件的连接情况、绝缘情况、润滑情况的检查;工作过程中异响的排查;冷却系统工作状态的检查;电机绕组电阻值的检查,确认其在正常范围内,以保证电机的电气性能。

【学习小结】

通过本任务的学习,你学会了什么呢?
本学习任务介绍了新能源汽车驱动电机系统的结构及基本功能、驱动电机的分类及各类电机的结构功能特点、驱动电机的基本参数、驱动电机的性能要求、驱动电机系统的发展趋势等理论知识。实践中需要定期对电机系统进行检查与维护。

思考与练习

一、填空题
1. 根据工作电源不同,电机可分为＿＿＿＿＿和＿＿＿＿＿两种。
2. 新能源汽车广泛使用的交流电机类型包括＿＿＿＿＿和＿＿＿＿＿。
3. ＿＿＿＿＿是一种新型电机,定子与转子通常由普通硅钢片叠压构成,形成了双凸极结构,它具有结构简单、＿＿＿＿＿、＿＿＿＿＿、＿＿＿＿＿的特点。

二、选择题
(多选)驱动电机的基本参数包括(　　)。
A.额定电压　　B.额定频率　　C.额定转速　　D.功率密度

三、问答题
1. 对驱动电机的性能要求有哪些?
2. 查阅相关资料,列举一下使用永磁同步电机的车型有哪些?
3. 相对于交流电机,直流电机具有哪些优点?
4. 简述电动汽车的动力传递路径。
5. 谈谈你所了解的驱动电机最新技术。

【任务工单1.1】 驱动电机系统基本认知

任务名称	驱动电机系统基本认知	学时	2学时	班级	
姓名		学号		成绩	
任务描述	现有一辆比亚迪E5需要进行整车维护,如何按照规范流程对驱动电机系统进行检查和维护呢?				
任务目的	根据任务要求,安全、规范地维护驱动电机系统。				
车辆信息描述	VIN码		车辆行驶里程		
	电机型号		电机类型		

任务实施过程记录

一、资讯

在进行具体工作前,需要掌握汽车驱动电机系统结构与维护的相关知识,请搜集相关资料回答下列问题:

(1)驱动电机系统由_____、_____、_____、_____等部件组成。

(2)比亚迪E5纯电动汽车采用的电机系统布置形式为_____。

(3)比亚迪TZ180XSA驱动电机的防护等级为_____。

(4)对电机系统的检查,应检查_____是否存在油液污渍,检查高压插接件_____,检查_____紧固情况。

(5)电动汽车高压部件外壳通过等电位连接,防止维修人员触电,在进行驱动电机等电位检查时,应检测_____与_____间的电阻值,标准值应小于0.1 Ω。

二、决策与计划

请根据任务要求,确定所需要的检测仪器、工具,并对小组成员进行合理分工,制订详细的诊断和修复计划。

1.实训要求

(1)了解并遵守实训室的安全规定,规范使用设备,确保自己和其他人员的安全。

(2)操作过程中应选择合适的工具并规范使用。

(3)明确操作流程,并按照标准化的操作流程进行作业。

(4)与任课老师积极交流,与同学协调配合,营造和谐的课堂气氛。

(5)遵守6S管理制度,实操完毕后对工具和设备进行整理和清洁。

(6)操作过程中产生废弃物料时,须按照环保要求进行分类和处理。

2.设备、工具及耗材

序号	设备与资料	工具及数量	耗材

3.小组成员分工

以3～5人为一组,选出组长并进行任务分工,将小组成员分工情况填入下表。

小组成员	姓名	任务分工
组长		
组员		

4.工作计划

序号	作业项目	操作要点

三、实施

1.作业准备

序号	准备项目	准备结果	原因/维护措施
1	铺设绝缘垫		
2	拉设警戒线、警示牌		
3	检查绝缘手套		
4	穿戴绝缘鞋、护目镜、安全帽		
5	铺设车外三件套		

2.检查

序号	检查项目	准备结果	原因/维护措施
1	驱动电机、电机控制器外观是否正常		

续表

序号	检查项目	准备结果	原因/维护措施
2	高压插接件连接状态		
3	低压插接件连接状态		
4	螺栓紧固情况		
5	等电位电阻值测量		

四、考核评价

考核评价表

考评项目	考评内容	配分	评分		
			自评	互评	师评
职业素养 （40分）	考勤、着装	6			
	安全意识	8			
	责任、服务意识	8			
	团队意识	5			
	组织纪律	5			
	环境卫生	8			
技能操作 （60分）	操作规范	12			
	表达熟练程度	12			
	资料查找	12			
	资料整理	12			
	任务完成情况	12			
合计		100			
总评	自评（30%）+互评（30%）+师评（40%）		综合成绩：		

五、任务小结

请简述实训过程中存在的问题点及改进建议。

学习任务2　新能源汽车驱动电机的结构与原理

【任务描述】

现在路面上跑的电动汽车使用的大多是交流电机。最近一辆比亚迪E5的车主反映他的汽车可以正常上电,但不能跑动,怀疑是电机系统出现了故障,需要对该汽车进行检查,你可以完成这个任务吗?在检查之前,需要做哪些准备工作呢?

【理论知识】

1.有刷直流电机

1) 有刷直流电机的结构

有刷直流电机主要由定子、转子、换向器和电枢绕组四部分组成。

(1)定子。

定子(见图1-2-1)主要由主磁极、换向磁极、电刷和机座等部分组成。定子的功能是用来产生磁通和进行机械固定。

(2)转子。

转子(见图1-2-2)主要由电枢铁芯、电枢绕组及换向器等部分组成。端盖上装有轴承以支撑电机转子旋转,端盖固定在机座两端。

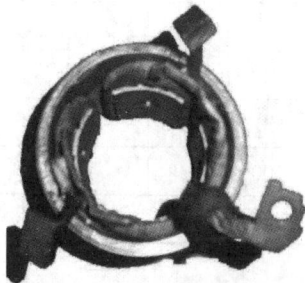

图1-2-1　有刷直流电机的定子　　　　图1-2-2　有刷直流电机的转子

(3)换向器。

换向器是由许多换向片组成的整体,装在转子的一端,换向片之间相互绝缘,转动的换向器与固定的电刷滑动接触,使转动的电枢绕组与静止的外电路相连接。

(4)电枢绕组。

转子电枢绕组按一定规律缠绕在转子铁芯槽内,与换向器连接,形成闭合回路。其作用是在运动中切割磁力线。

2) 有刷直流电机的工作原理

有刷直流电机的工作原理涉及定子和转子的相互作用。定子上的绕组通电后,会产生一个磁场。与此同时,转子上的线圈也通电,由于安培力的作用,这个线圈在定子产生的磁场中受到力的作用,导致转子开始旋转。当转子上的线圈与磁场平行时,为了维持转子的持续旋转,需要改变通过转子线圈的电流方向。这一过程是通过电刷与换向器的接触来实现的。随着转子的旋转,电刷在换向器的不同片上交替接触,从而及时切换电流的方向。这种电流方向的适时改变确保了转子线圈始终受到与旋转方向一致的安培力,使得电机能够持续且稳定地沿一个方向转动。这种机制是有刷直流电机能够实现连续旋转的关键。

通电线圈在磁场中要受到磁场力的作用。假设电刷 A 与电源正极相连,电刷 B 与电源负极相连,电流经 $A \to d \to c \to b \to a \to B$ 形成回路。根据左手定则,线圈 ab 受力向右转动,线圈 cd 受力向左转动。这样就形成一个转矩,使电枢逆时针旋转。当电枢转过 $90°$ 时,通电线圈虽然受到电磁力的作用,但转矩为零。电枢受机械惯性的作用也能转过一定的角度,这时线圈中电流的方向也发生了改变。当电枢转过 $180°$ 时,电流经 $A \to a \to b \to c \to d \to B$ 形成回路,线圈内电流的方向发生了改变,根据左手定则,线圈 ab 受力向左转动,线圈 cd 受力向右转动,仍然形成一个逆时针转动的转矩,电枢按同一方向继续旋转,这样电机就可以连续旋转。有刷直流电机的工作原理如图1-2-3所示。

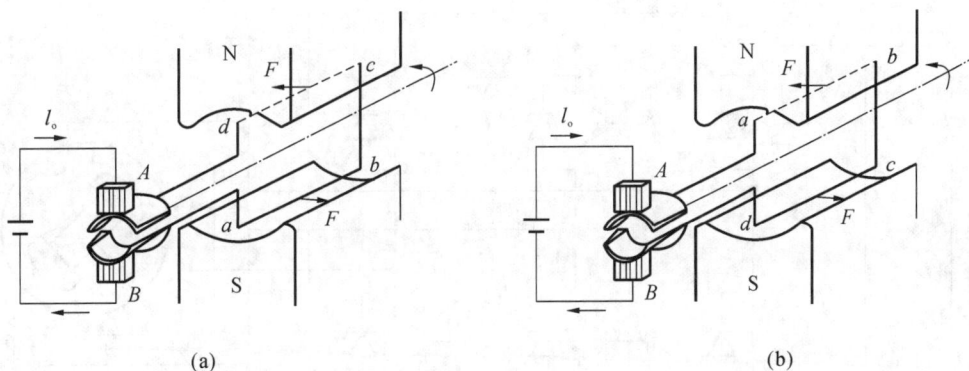

(a)   (b)

图1-2-3　有刷直流电机的工作原理

2.无刷直流电机

1）无刷直流电机的结构

无刷直流电机是指无电刷和换向器的电机。其运行原理和有刷直流电机基本相同,但换向动作是通过电子换向器来完成的。无刷直流电机主要由电机本体(定子和转子)、电子换向器和位置传感器三部分组成。

（1）电机本体。

无刷直流电机的电机本体由定子和转子两部分组成。

定子是电机本体的静止部分,它由导磁的定子铁芯、导电的电枢绕组以及固定铁芯与绕组用的一些零部件、绝缘材料、引出部分等组成,如机壳、绝缘片、槽锲、引出线及环氧树脂等。

转子是电机本体的转动部分,是产生激磁磁场的部件,由永磁体、导磁体和支撑零部件组成。

（2）电子换向器。

电子换向器由功率开关和位置信号处理电路构成,主要用来控制定子各绕组通电的顺序和时间。

（3）位置传感器。

位置传感器在无刷直流电机中起着检测转子磁极位置的作用,为功率开关电路提供正确的换向信息,即将转子磁极的位置信号转换成电信号,经位置信号处理电路处理后控制定子绕组换向。由于功率开关的导通顺序与转子转角同步,因而位置传感器与功率开关一起,起着与传统有刷直流电机的机械换向器和电刷相类似的作用。

2）无刷直流电机的工作原理

无刷直流电机的工作原理是利用电机转子位置传感器输出信号控制电子换向线路去驱动逆变器的功率开关器件,使电枢绕组依次馈电,从而在定子上产生跳跃式的旋转磁场,拖动电机转子旋转。

同时,随着电机转子的转动,转子位置传感器又不断送出位置信号,以不断地改变电枢绕组的通电状态,使得在某一磁极下导体中的电流方向保持不变,这样电机就旋转起来了。无刷直流电机的工作原理如图1-2-4所示。

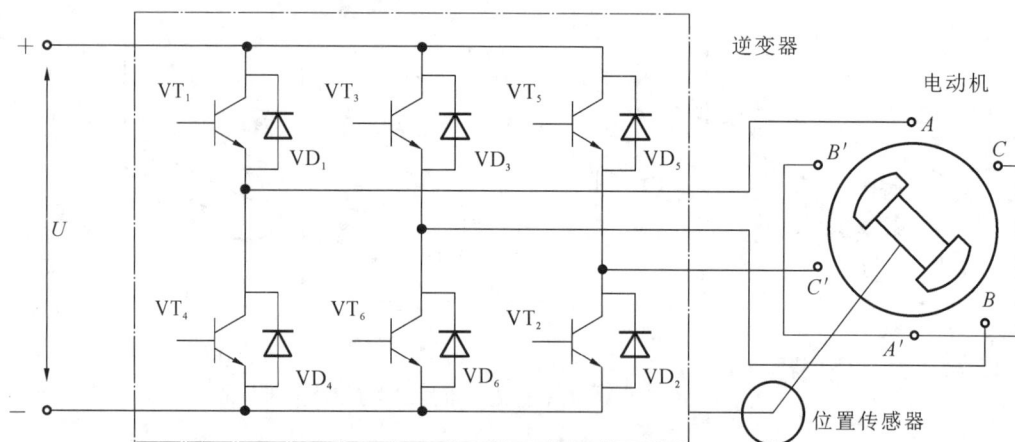

图 1-2-4 无刷直流电机的工作原理

3.永磁同步电机

永磁同步电机分为使用三相正弦波电流的永磁同步电机和使用方波电流的永磁同步电机。这里主要介绍使用三相正弦波电流的永磁同步电机,也是目前电动汽车普遍使用的电机类型。

1）永磁同步电机的结构

永磁同步电机由定子、转子、位置传感器、温度传感器、机壳、机座等组成。

（1）定子。

定子主要由定子绕组和定子铁芯两部分组成,如图1-2-5所示。

定子绕组一般制成多相(三、四、五相不等),通常为三相绕组。三相绕组沿定子铁芯对称分布,在空间互差120°电角度,通入三相交流电时,可以产生旋转磁场。

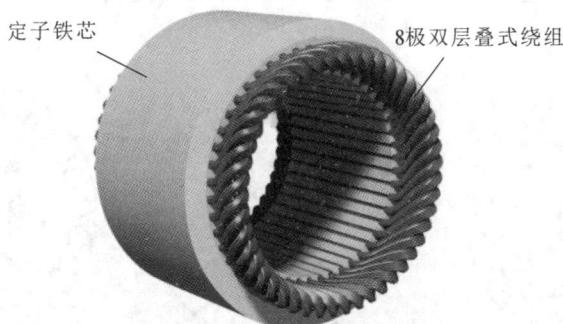

图 1-2-5　永磁同步电机定子

定子绕组用带有绝缘层的导线(漆包线或纱包线)绕成。定子绕组均匀分成三组,按一定规律嵌放在定子内表面的下线槽内。每组绕组称为一相,每相有两个出线端。U_1、V_1、W_1称为三相绕组的首端,U_2、V_2、W_2称为三相绕组的末端。定子绕组的连接方式主要有星形连接和三角形连接两种,如图 1-2-6 所示。

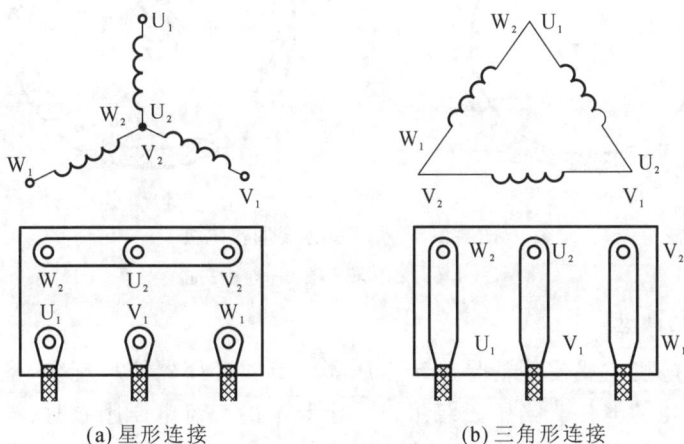

(a) 星形连接　　　　　　　　(b) 三角形连接

图 1-2-6　永磁同步电机定子绕组连接方式

定子铁芯由互相绝缘的硅钢片叠压而成,内表面有凹槽(下线槽),用于嵌放绕组。

(2) 转子。

永磁同步电机转子主要由永磁体和转子铁芯两部分组成。其中,永磁体主要采用铁氧体永磁材料和钕铁硼永磁材料制成;转子铁芯根据磁极结构的不同,可选用实心钢制成,也可采用钢板或硅钢片冲制后叠压而成。

与普通电机相比,永磁同步电机还必须装有转子永磁体位置传感器,用来检测转子磁极的位置,并以此对电枢电流进行控制,达到对永磁同步电机驱动控制的目的。按照永磁体在转子上位置的不同,永磁同步电机的转子结构可分为外置式和内置式两种。

内置式永磁同步电机按永磁体磁化方向的不同可分为径向式、切向式和混合式,如图 1-2-7 所示。内置式永磁同步电机的转子设计中,由于嵌入了永磁体,因此具有明显的凸极特征,这一结构特点在机械构造上尤为显著。

外置式永磁同步电机根据永磁体是否嵌入转子铁芯中,可以分为面贴式和插入式两种电机,如图1-2-8所示。

(a) 径向式　　　　　(b) 切向式　　　　　(c) 混合式

图1-2-7　内置式永磁同步电机

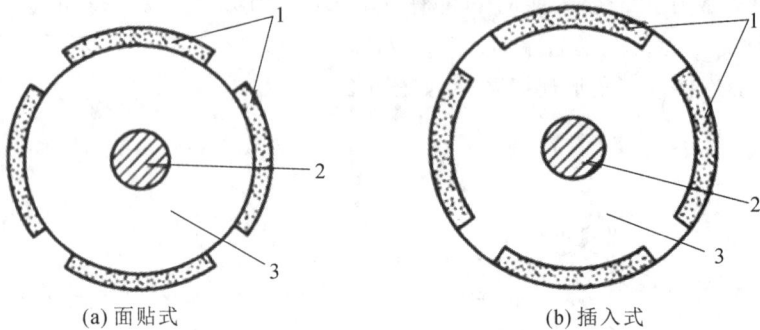

(a) 面贴式　　　　　　　　　　　(b) 插入式

图1-2-8　外置式永磁同步电机

1—永磁体;2—转子轴;3—转子铁芯

（3）位置传感器。

永磁同步电机主要使用的是旋转变压器。旋转变压器简称旋变,是一种输出电压随转子转角变化的器件。当励磁绕组以一定频率的交流电压励磁时,输出绕组的电压幅值与转子转角呈余弦函数关系,或保持一定比例关系,或在一定转角范围内与转角呈线性关系。

图1-2-9　旋转变压器的结构

旋转变压器的主要功能是精确检测电机转子的位置。通过对控制器进行编码处理,我们不仅能够确定电机的转速,还能掌握其旋转方向。

旋转变压器的结构如图1-2-9所示,传感器线圈固定在壳体上,信号齿圈固定在转子上。其传感器线圈由励磁线圈、正弦线圈、余弦线圈三组线圈组成。

旋转变压器的工作原理是,当励磁绕组通以高频的激励信号后,输出绕组会感应出一定幅值和频率的电压信号,其输出电压是由正弦包络的高频信号,包含转子位置信息。

旋转变压器的结构组成及输出波形如图1-2-10所示。

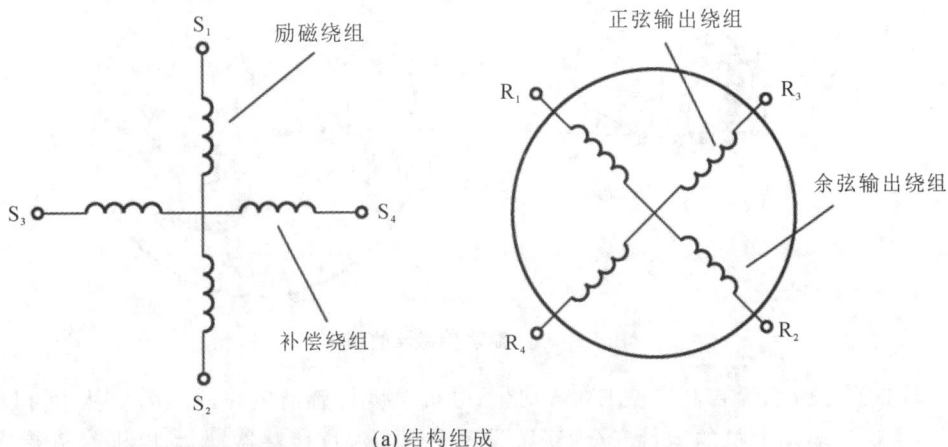

(a) 结构组成

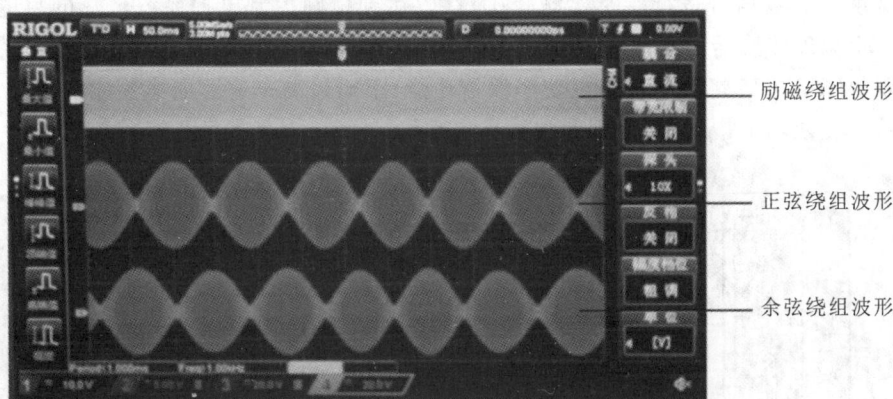

(b) 输出波形

图1-2-10　旋转变压器的结构组成及输出波形

（4）温度传感器。

温度传感器的作用是感知电机及其控制器的温度变化，并把温度信号转换为电子信号输送给电机控制模块。

常用的温度传感器主要有热电偶式温度传感器、热敏电阻式温度传感器、数字温度传感器（RTD）、半导体温度传感器（IC）四种类型。常用的为热敏电阻式温度传感器，其电阻值随着温度的变化而发生变化。

热敏电阻式温度传感器分为两种类型：正温度系数（PTC）热敏电阻型和负温度系数（NTC）热敏电阻型。PTC热敏电阻的电阻值与温度成正比，即温度升高，电阻值增加；NTC热敏电阻的电阻值与温度成反比，即温度升高，电阻值减少。

对电机过热保护常用的方法是在电机定子的绕组里埋设体积极小的负温度系数热敏电阻。电机温度传感器主要由热敏电阻晶体、烧结电极、引线、探头等部件组成，如图1-2-11所示。

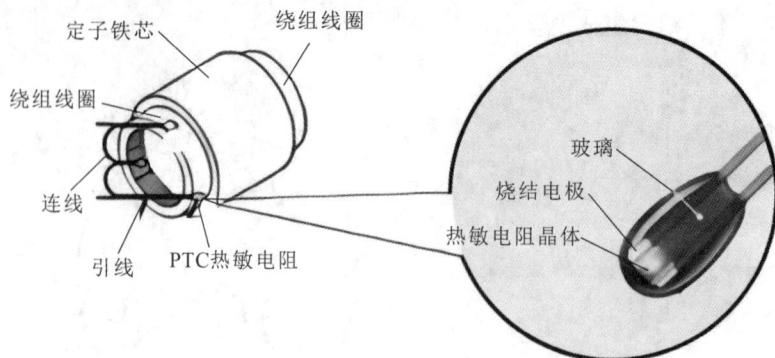

图 1-2-11 温度传感器的结构

图 1-2-12 所示为吉利帝豪 EV450 驱动电机温度传感器电路原理图。从中可以看出，为了保证驱动电机的运行安全，系统设置了两个温度传感器，驱动电机控制器对两个温度传感器信号进行实时检测并比对，以达到精确控制电控系统散热的目的。如果有一个温度传感器出现故障，MCU 将使用另一个进行替代。如果两个温度传感器同时出现故障，MCU 将启动整车限功率保护功能，车辆最高车速及加速性能将受限，同时仪表将点亮限功率指示灯，警示驾驶员尽快维修。

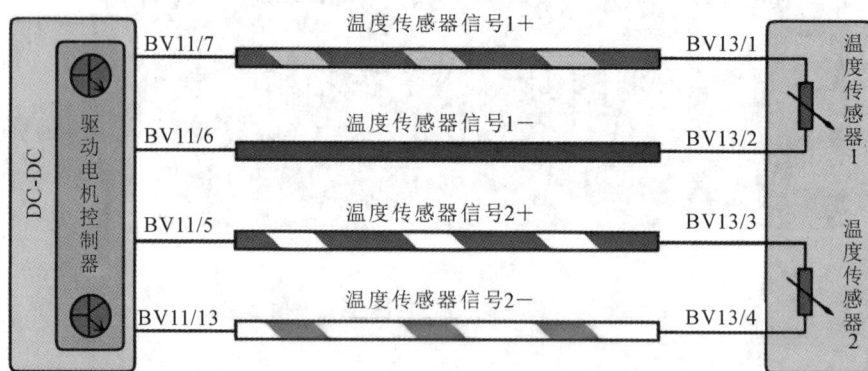

图 1-2-12 吉利帝豪 EV450 驱动电机温度传感器电路原理图

2）永磁同步电机的工作原理

在电动汽车的应用中，永磁同步电机扮演着双重角色：一方面，它作为电动机，为车辆提供必要的动力输出；另一方面，在制动过程中，它又能够转换为发电机模式，实现制动能量的有效回收。这种多功能性使得永磁同步电机成为电动汽车中不可或缺的关键组件。

（1）电动原理。

永磁同步电机的定子绕组通入三相交流电后会产生旋转磁场，转子上因有永磁铁而自带恒定磁场，根据磁场与磁场间的同性相斥、异性相吸原理，定子的旋转磁场带着转子的恒定磁场旋转，从而输出转矩，如图 1-2-13 所示。

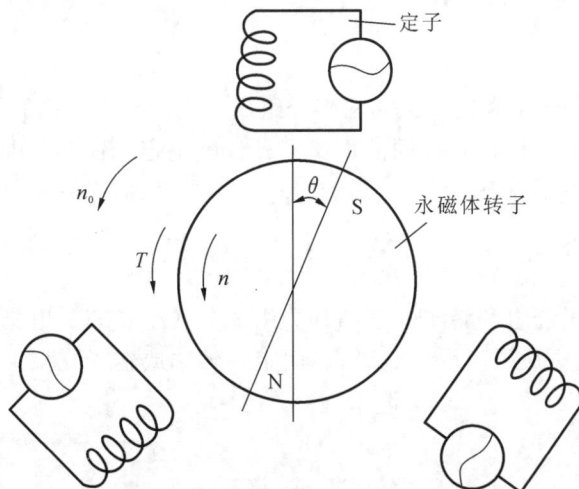

图 1-2-13　永磁同步电机的电动原理

（2）发电原理。

永磁同步发电机在电动汽车制动时,车轮的惯性带动永磁同步发电机的转子旋转,同时转子上有永磁体的恒定磁场,定子的三相对称绕组做切割转子磁场磁力线运动,发生电磁感应现象,在定子绕组中产生感应电动势,从而就有了感应电流,如图 1-2-14所示。

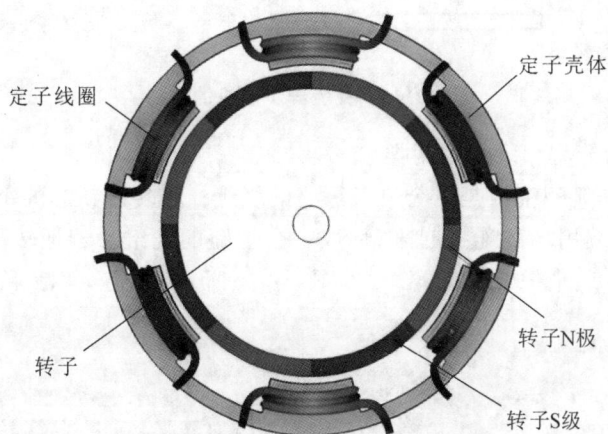

图 1-2-14　永磁同步电机的发电原理

4.交流异步电机

按所需交流电源相数的不同,交流异步电机又可分为单相和三相两大类,目前使用最广泛的是三相异步电机,这是由于三相异步电机具有结构简单、价格低廉、坚固耐用、使用维护方便等优点。

1）交流异步电机的结构

交流异步电机主要由定子、转子、机壳、机座等组成,定子和转子之间存在气隙,如

图1-2-15所示。

（1）定子。

定子主要由定子绕组和定子铁芯两部分组成。交流异步电机的定子绕组与永磁同步电机的结构和控制原理都是相同的。交流异步电机定子铁芯是电机磁路的一部分。定子绕组是三相电机的电路部分，三相电机有三相绕组，通入三相对称交流电流时，就会产生旋转磁场。

（2）转子。

转子主要由转子绕组和转子铁芯两部分组成。转子铁芯是电机磁路的一部分，它由0.5 mm厚的硅钢片叠压而成，转子铁芯固定在转轴或转子支架上，整个转子的外表呈圆柱形。

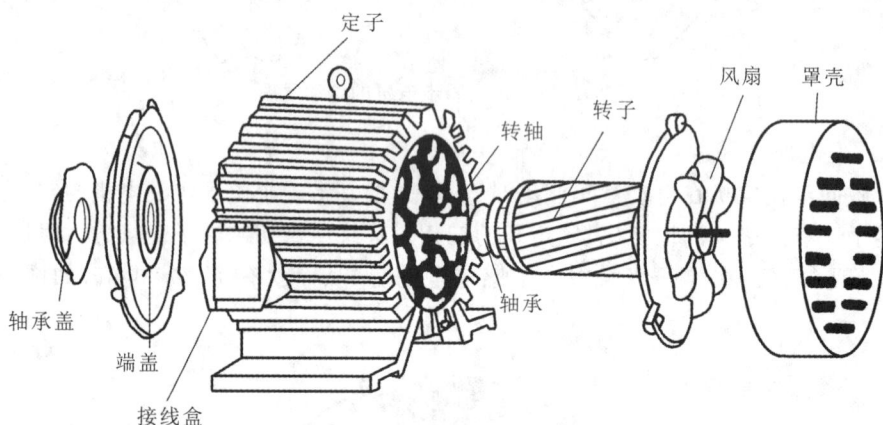

图1-2-15 交流异步电机的结构

转子绕组分为笼型和绕线型两类。

① 笼型绕组。笼型绕组是一个自身短路的绕组。在转子铁芯的每个槽里嵌放一根导体，在铁芯的两端用端环连接起来，形成一个短路的绕组。若把转子铁芯拿掉，则剩下来的绕组形状看起来像个松鼠笼子，如图1-2-16所示，因此又称为鼠笼转子。导条的材料用铜或铝。

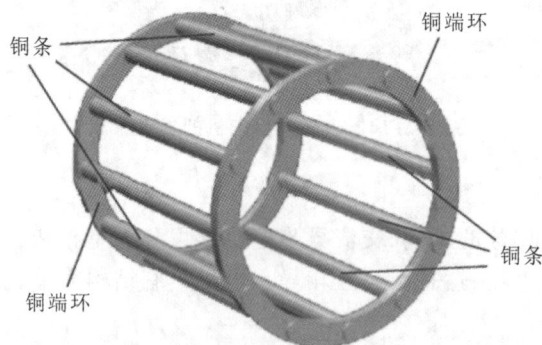

图1-2-16 笼型绕组

② 绕线型绕组。绕线型绕组的槽内嵌放用绝缘导线组成的三相绕组，一般都连接

成星形,如图1-2-17所示。转子绕组的三条引线分别接到三个集电环上,用一套电刷装置引出来,这样就可以把外接电阻串联到转子绕组回路,以改善电机的启动性能或调节电机的转速。

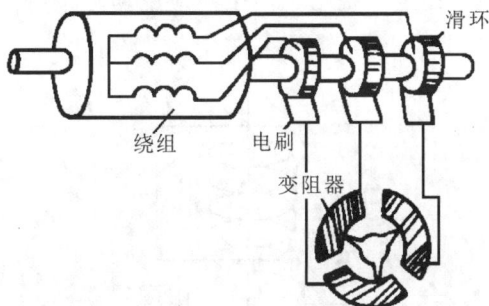

图1-2-17 绕线型绕组

2) 交流异步电机的工作原理

和永磁同步电机一样,交流异步电机在电动汽车中既要充当电动机产生动力,又要在制动时作为发电机使用,实现制动能量的回收。

(1) 电动原理。

交流异步电机的定子绕组通入三相交流电后会产生旋转磁场,该旋转磁场切割转子绕组,从而在转子绕组中产生感应电动势,电动势的方向由右手定则来确定。由于转子绕组是闭合通路,转子中便有电流产生,电流方向与感应电动势方向相同,载流的转子导体在定子旋转磁场中将受到电磁力的作用,电磁力的方向可用左手定则确定。由电磁力产生的电磁转矩将驱动电机旋转,并且电机旋转方向与旋转磁场方向相同,如图1-2-18所示。

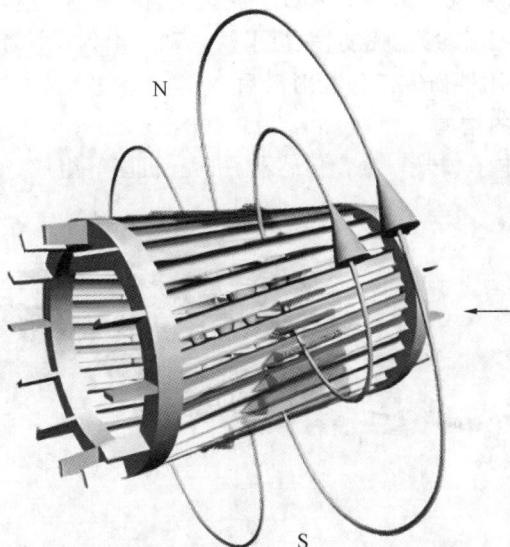

图1-2-18 交流异步电机的电动原理

（2）发电原理。

交流异步电机在电动汽车制动时，车轮的惯性带动交流电机的转子旋转，当电机转子的转速大于定子旋转磁场的转速时，定子的三相对称绕组做切割转子磁场磁力线的运动，产生电磁感应现象，在定子绕组中产生感应电动势，从而就有了感应电流，如图1-2-19所示。

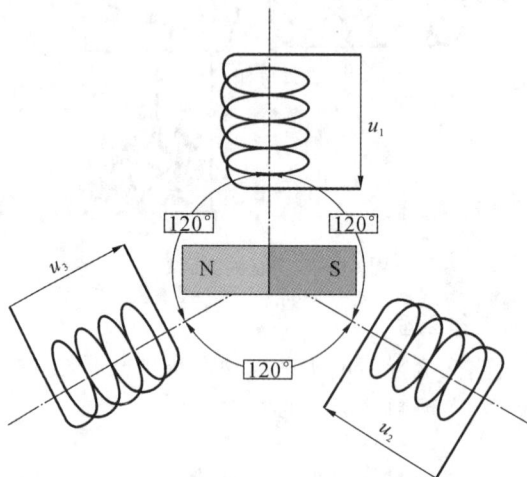

图1-2-19　交流异步电机的发电原理

5.开关磁阻电机

开关磁阻电机是一种新型调速电机，是继变频调速系统的最新一代调速系统。它的结构简单坚固，调速范围宽，系统可靠性高。英、美等国家对开关磁阻电机的研究起步较早，并已取得显著效果，产品功率等级从数瓦直到数百千瓦，广泛应用于家用电器、航空、航天、电子、机械及电动车辆等领域。我国对开关磁阻电机调速系统的研究与试制起步于20世纪80年代末90年代初，取得了从基础理论到设计制造技术多方面的成果与进展，但产业化及应用性研究工作相对滞后。

1）开关磁阻电机的结构

开关磁阻电机由定子、转子、位置传感器、机壳、机座等组成，如图1-2-20所示。

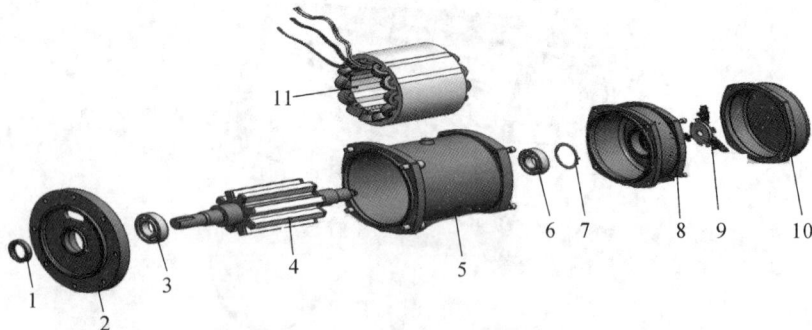

图1-2-20　开关磁阻电机爆炸图

1—油封；2—前端盖；3—轴承；4—转子；5—机座；6—轴承；7—波形垫圈；
8—连接端盖；9—位置传感器；10—后端盖；11—定子

（1）定子。

开关磁阻电机的定子主要由定子绕组和定子铁芯两部分组成。定子铁芯由导磁良好的硅钢片叠压而成，内部有多个凸齿极，通常有偶数个，如图1-2-21所示。直径方向上相对应的两个齿极上绕有串联在一起的线圈，这组线圈组成一相，并且绕向相同。

（2）转子。

开关磁阻电机的转子只有转子铁芯，转子上既无绕组也没有永磁材料。如图1-2-22所示，转子铁芯由导磁良好的硅钢片叠压而成，外部有多个凸齿极，通常也是偶数个，但是比定子铁芯中凸齿极个数少（通常少2个），这样才能产生步距角，从而产生磁阻力矩。

图1-2-21 开关磁阻电机定子铁芯

图1-2-22 开关磁阻电机转子铁芯

步距角为每一拍转子转过的角度，通常用θ表示，即转子的相邻两齿间夹角与定子的相邻两齿间夹角的差值，如图1-2-23所示。

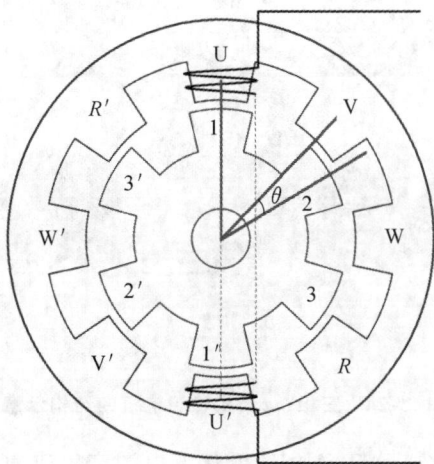

图1-2-23 步距角示意图

开关磁阻电机的相数、定子转子极数、步距角三者之间的组合关系，如表1-2-1所示。目前应用较多的是四相(8/6)结构和六相(12/10)结构。

表1-2-1 开关磁阻电机的相数、极数、步距角三者关系

相数	3	4	5	6	7	8	9
定子极数	6	8	10	12	14	16	18
转子极数	4	6	8	10	12	14	16
步距角	30°	15°	9°	6°	4.28°	3.21°	2.5°

（3）位置传感器。

位置传感器的功用主要是检测电机转子凸齿的位置,确定定子凸齿与转子凸齿的相对位置,从而为各相绕组的导通和关断提供准确的信号。

2）开关磁阻电机的工作原理

开关磁阻电机是一种利用"磁阻最小原理"产生磁阻转矩而工作的电机,磁感线在磁铁的外部从N极出发回到S极会形成一个闭合回路,而磁感线有选择"最畅通路径"的趋势。正如电流会选择电阻最小的支路通过,磁感线会主动"创造"磁阻最小的路径,因为空气的磁阻较大,它会把附近磁阻小的物体吸引过来。

图1-2-24是三相6/4结构磁阻电机的结构示意图。定子6个齿极上绕有线圈,径向相对的2个线圈连接在一起,组成一相,该电机有3相,结合定子与转子的极数就称该电机为三相6/4结构。图1-2-24中标注的A相、B相、C相线圈仅为后面分析磁路带来方便,并不是连接普通的三相交流电。

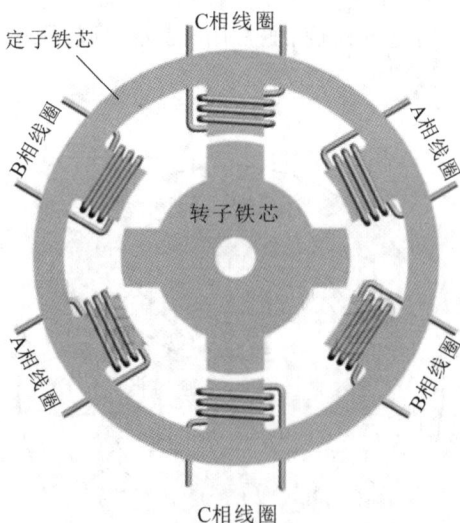

图1-2-24 三相6/4结构磁阻电机的结构示意图

如图1-2-25所示,从图（a）起,A相线圈接通电源产生磁通,磁力线从最近的转子齿极通过转子铁芯,磁力线可看成极有弹力的线,在磁力的牵引下转子开始逆时针转动;图（b）是转子转了10°的图,图（c）是转子转到20°的图,磁力一直牵引转子转到30°为止,到了30°转子不再转动,此时磁路最短。

为了使转子继续转动,在转子转到30°前已切断A相电源,在转子转到30°瞬间接通

B相电源,磁通从最近的转子齿极通过转子铁芯,如图1-2-26(a)所示,于是转子继续转动。图1-2-26(b)所示是转子转到40°的图,图1-2-26(c)是转子转到50°的图,磁力一直牵引转子转到60°为止。

在转子转到60°前切断B相电源,在转子转到60°瞬间接通C相电源,磁通从最近的转子齿极通过转子铁芯,如图1-2-27(a)所示。转子继续转动,图1-2-27(b)所示是转子转到70°的图,图1-2-27(c)所示是转子转到80°的图,磁力一直牵引转子转到90°为止。

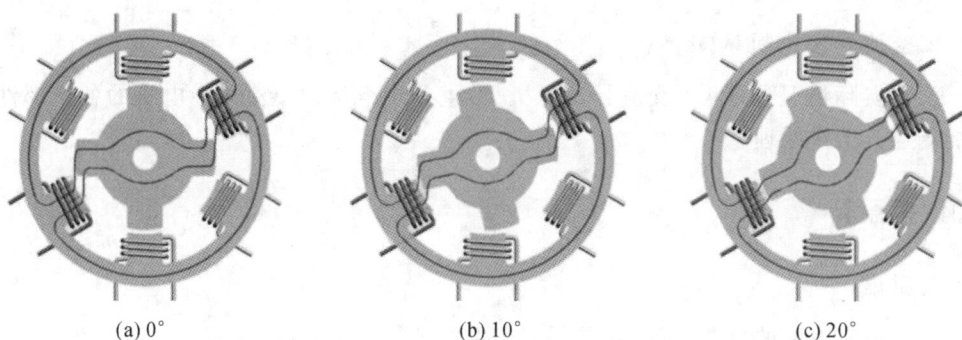

| (a) 0° | (b) 10° | (c) 20° |

图1-2-25 三相6/4结构磁阻电机的工作原理示意图一

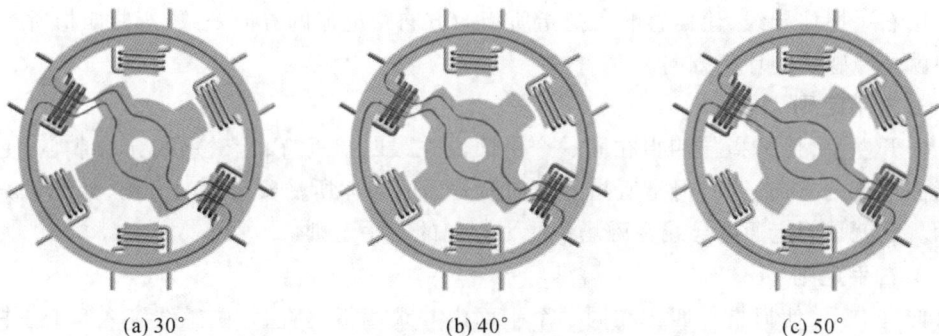

| (a) 30° | (b) 40° | (c) 50° |

图1-2-26 三相6/4结构磁阻电机的工作原理示意图二

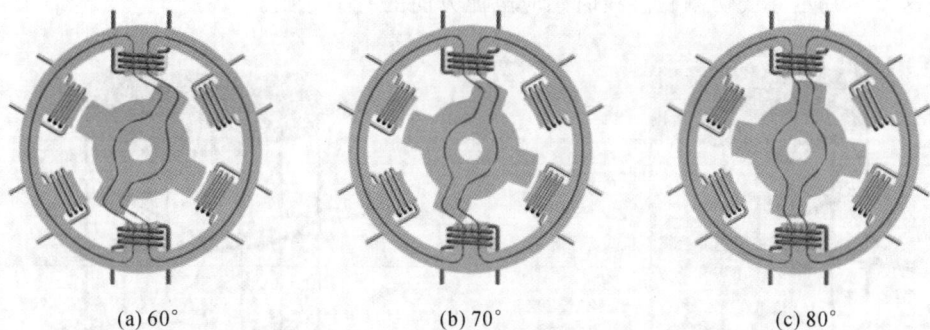

| (a) 60° | (b) 70° | (c) 80° |

图1-2-27 三相6/4结构磁阻电机的工作原理示意图三

当转子转到90°前切断C相电源,转子转到90°的瞬间接通A相电源,转子的转动状态与0°时一致,这样不停地重复下去,转子就会不停地旋转。这就是磁阻电机的工作原理。由于运用了磁阻最小原理,故称其为磁阻电机;又由于电机磁场并非由正弦交流电产生,其线圈电流通断和磁通状态直接受开关控制,故又称其为开关磁阻电机。

【实践知识】

1.永磁同步电机认知

根据实际情况选取4个永磁同步电机,学生分小组认识永磁同步电机的各个部件,并能阐述其工作原理。

2.交流异步电机认知

根据实际情况选取4个交流异步电机,学生分小组认识交流异步电机的各个部件,并能阐述其工作原理。

【知识拓展】

1.励磁

任何通有电流的导线,都会在其周围产生磁场的现象。

2.右手螺旋定则

用右手握住导线,让伸直的大拇指所指的方向跟电流的方向一致,弯曲四指所指的方向就是磁感线的环绕方向。

3.左手定则

伸开左手,使拇指与四指在同一个平面内并跟四指垂直,让磁感线穿入掌心,使四指指向电流的方向,这时拇指所指的方向就是通电导体所受安培力的方向,如图1-2-28所示。这就是判定通电导线在磁场中受力方向的左手定则。

4.右手定则

伸开右手,使拇指与四指在同一个平面内并跟四指垂直,让磁感线穿入掌心,并使拇指指向导线运动的方向,这时四指所指的方向就是感应电流的方向,如图1-2-29所示。这就是判定导线切割磁感线时感应电流方向的右手定则。

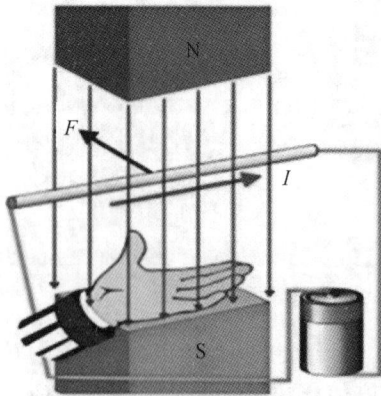

图1-2-28 左手定则示意图

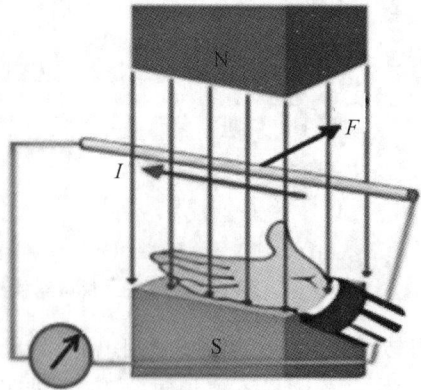

图1-2-29 右手定则示意图

5.交流电机

交流电机是指使用三相交流电的电机。交流电机可分为同步电机和异步电机两大种类。

如果电机转子的转速与定子旋转磁场的转速相等,转子与定子旋转磁场在空间同步地旋转,这种电机就称为同步电机。

如果电机转子的转速不等于定子旋转磁场的转速,转子与定子旋转磁场在空间旋转时不同步,这种电机就称为异步电机。

6.旋转磁场

旋转磁场是磁感应矢量在空间以固定频率旋转的一种磁场,是电能和转动机械能之间相互转换的基本条件。三相对称的定子绕组通入三相交流电后会产生旋转磁场。

交流电机的定子铁芯中放置三相结构完全相同的绕组 U、V、W,各相绕组在空间上互差120°电角度,如图1-2-30所示,向这个三相绕组通入对称的三相交流电,如图1-2-30(b)(c)所示。下面我们以两极电机为例说明电流在不同时刻时,磁场在空间的位置。如图1-2-30(b)所示,假设电流的瞬时值为正时电流从各绕组的首端流入(用"⊗"表示),末端流出(用"⊙"表示);当电流为负值时,与此相反。

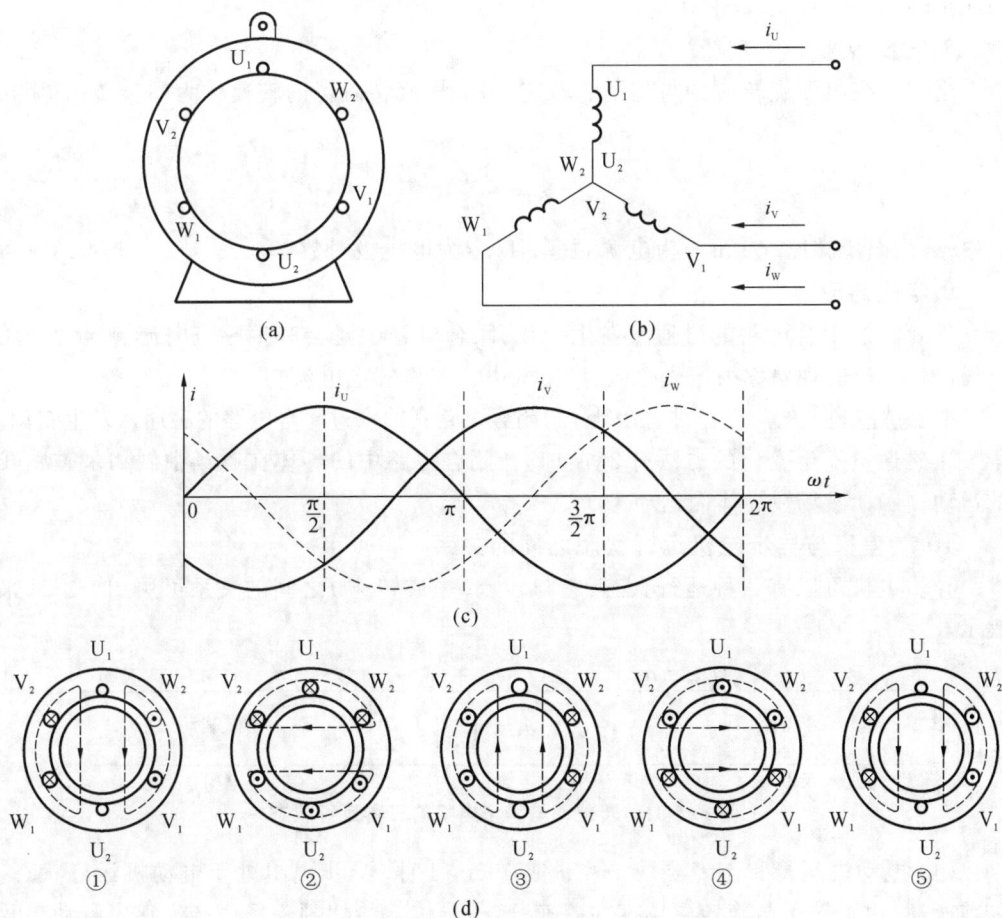

图 1-2-30 旋转磁场原理图

在 $\omega t=0$ 的瞬间，$i_U=0$，i_V 为负值，i_W 为正值，如图 1-2-30(c)所示，则 V 相电流从 V_2 流进，从 V_1 流出，而 W 相电流从 W_1 流进，从 W_2 流出。利用右手螺旋定则可以确定 $\omega t=0$ 瞬间由三相电流所产生的合成磁场方向，如图 1-2-30(d)中①所示。可见这时的合成磁场是一对磁极，磁场方向与纵轴线方向一致，上方是北极，下方是南极。

在 $\omega t=\pi/2$ 时，经过了四分之一周期，i_U 由零变为最大值，电流由首端 U_1 流入，从末端 U_2 流出；i_V 仍为负值，V 相电流从 V_1 流出，从 V_2 流入；i_W 也变为负值，W 相电流由 W_1 流出，从 W_2 流入，其合成磁场方向如图 1-2-30(d)中②所示，可见磁场方向已经较 $\omega t=0$ 时按顺时针方向转过90°。

应用同样的分析方法可画出 $\omega t=\pi$，$\omega t=3\pi/2$，$\omega t=2\pi$ 时的合成磁场，分别如图 1-2-30(d)中③、④、⑤所示，可明显地看出磁场的方向逐步按顺时针方向旋转，共计转过 360°，即旋转了一周。

7.转差率

根据交流异步电机的原理可知，无外力影响的情况下，转子旋转的速度低于定子磁场旋转的速度。定子磁场旋转的速度与转子旋转的速度之差与定子磁场的旋转速度之比，就是转差率。利用公式可求出转差率 $s=(n_0-n)/n_0$，其中 n 为电机的额定转速，n_0 为同步转速，即旋转磁场的转速。

8.同步转速

当定子绕组的旋转磁场与转子的转速一样时，旋转磁场的转速称为同步转速，用 n_0 表示。

$$n_0=\frac{60f}{P}$$

式中，n_0 为同步转速，r/min；f 为电源频率，Hz；P 为电机极对数。

9.电磁感应

只要穿过闭合电路的磁通量发生变化，闭合电路中就会产生感应电流。这种利用磁场产生电流的现象称为电磁感应，产生的电流叫作感应电流。

电磁感应现象的产生条件有2个：(1)闭合电路；(2)穿过闭合电路的磁通量发生变化。

让磁通量发生变化的方法有2种：(1)让闭合电路中的导体在磁场中做切割磁感线的运动；(2)让磁场在导体内运动。

10.转差率与异步电机运行状态之间的关系

异步电机可以有三种运行状态，它与转差率 s 或转速 n 之间的关系可用图 1-2-31 来表示。

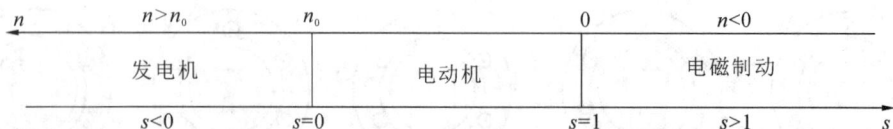

图 1-2-31 转差率与异步电机的三种运行状态

（1）电动机运行状态。当 $0<n<n_0$ 或 $0<s<1$ 时，异步电机处于电动机运行状态。如前所述，由于转子与旋转磁场存在差速，转子导体就能切割磁场而产生感应电动势及

感应电流,产生的电动转矩为驱动转矩,电机即能克服负载转矩与磁场同方向旋转。电机从电源吸收电功率,向转动轴输出机械功率。

（2）发电机运行状态。当 $n > n_0$ 或 $s < 0$ 时,异步电机处于发电机运行状态。

（3）电磁制动状态。当 $n < 0$ 或 $s > 1$ 时,异步电机处于电磁制动状态。如果电动机所带负载的转矩很大,电动机不仅不能带动负载,反而会在负载转矩的作用下朝着相反的方向旋转。例如,在吊车起吊货物时,由于货物过重,电动机不仅不能将货物吊起来,反而由于货物的下沉而使电动机反转,即转速 n 变为负值,电磁转矩即为制动转矩。此时,电动机一方面从电网吸收电功率,另一方面又从轴上吸收机械功率,两部分功率变为电动机内部的损耗,异步电机运行于电磁制动状态,也称为"反接制动"状态。

【学习小结】

通过本任务的学习,你学会了什么呢?

本学习任务介绍了有刷直流电机的结构和工作原理、无刷直流电机的结构和工作原理、永磁同步电机的结构和工作原理、交流异步电机的结构和工作原理、开关磁阻电机的结构和工作原理等理论知识。实践部分重点要求认知永磁同步电机和交流异步电机。

思考与练习

一、填空题

1. 把_____能转换为_____能的电机称为电动机。

2. _____主要用于检测电机转子磁极的位置。

3. _____由功率开关和位置信号处理电路构成,主要用来控制定子各绕组通电的顺序和时间。

4. 三相笼型异步电机主要由_____和_____组成。

5. 永磁同步电机三相对称绕组通以三相对称交流电流时,将产生_____磁场。

6. 永磁同步电机定子的主要作用是_____。

7. 永磁同步电机的定子绕组有_____和_____两种连接方式。

8. 三相异步电机根据转子结构不同可分为_____和_____两类。

9. 开关磁阻电机的_____上既无绕组也没有永磁材料。

10. 开关磁阻电机是一种利用_____产生磁阻转矩而工作的电机。

二、选择题

1.（多选）有刷直流电机主要由（　）组成。

A. 转子　　　　　　　　　B. 机座

C. 换向磁极　　　　　　　D. 永磁极转子

2.（单选）电动汽车减速制动时,电机做（　）运行。

A. 起动机　　　　　　　　B. 发电机

C. 步进电机　　　　　　　D. 以上选项皆不正确

3.(单选)交流电机回馈制动时,电机处于( )状态。

A.电动   B.发电

C.空载   D.制动

4.(单选)( )用以检测电机转子位置。

A.旋变传感器   B.电压传感器

C.温度传感器   D.电流传感器

5.(单选)( )用于检测电机控制系统的工作温度。

A.旋变传感器   B.电压传感器

C.温度传感器   D.电流传感器

6.(单选)电机发电是将机械能转换成( )的过程。

A.热能   B.风能

C.化学能   D.电能

7.(单选)某开关磁阻电机的定子极数为12,转子极数为10,则称为( )电机。

A.五相12/10   B.五相10/12

C.六相12/10   D.六相10/12

8.(多选)开关磁阻电机的特点有( )。

A.结构简单坚固   B.调速范围宽

C.系统可靠性高   D.以上选项皆不正确

三、问答题

1.简述永磁同步电机的结构和电动原理。

2.简述交流感应电机的结构和电动原理。

【任务工单1.2】 新能源汽车驱动电机认知

任务名称	新能源汽车驱动电机认知	学时	2学时	班级	
姓名		学号		成绩	
任务描述	现有一辆比亚迪E5,车主反映上电正常,换挡无法行驶,初步判断是电机系统出现了故障,需要你对该汽车的电机系统进行检查,如何按照规范流程对驱动电机系统进行检查呢? 在检查之前,我们需要做哪些准备工作呢?				
任务目的	根据任务要求,安全、规范地检查驱动电机。				
车辆信息描述	VIN码		车辆行驶里程		
	电机型号		电机类型		

任务实施过程记录

一、资讯

在进行具体工作前,需要掌握汽车驱动电机系统结构与工作原理的相关知识,请搜集相关资料回答下列问题:

(1)比亚迪E5使用的是_____电机。

(2)交流电机主要有_____和_____两种。

(3)_____主要用于检测电机转子磁极的位置。

(4)永磁同步电机主要由_____、_____、_____、_____、机壳、机座等组成。

(5)电机属于高压部件,检查时需要戴_____、_____、_____。

二、决策与计划

请根据任务要求,确定所需要的检测仪器、工具,并对小组成员进行合理分工,制订详细的诊断和修复计划。

1.实训要求

(1)了解并遵守实训室的安全规定,规范使用设备,确保自己和其他人员的安全。

(2)操作过程中应选择合适的工具并规范使用。

(3)明确操作流程,并按照标准化的操作流程进行作业。

(4)与任课老师积极交流,与同学协调配合,营造和谐的课堂气氛。

(5)遵守6S管理制度,实操完毕后对工具和设备进行整理和清洁。

(6)操作过程中产生废弃物料时,须按照环保要求进行分类和处理。

2.设备、工具及耗材

序号	设备与资料	工具及数量	耗材

3. 小组成员分工

以 3~5 人为一组,选出组长并进行任务分工,将小组成员分工情况填入下表。

小组成员	姓名	任务分工
组长		
组员		

4. 工作计划

序号	作业项目	操作要点

三、实施

1. 作业准备

准备已经拆解好的永磁同步电机各零部件。

2. 永磁同步电机认知

请将相关部件名称填写在相应位置。

四、考核评价

考核评价表

考评项目	考评内容	配分	评分		
			自评	互评	师评
职业素养 (40分)	考勤、着装	6			
	安全意识	8			
	责任、服务意识	8			
	团队意识	5			
	组织纪律	5			
	环境卫生	8			
技能操作 (60分)	操作规范	12			
	表达熟练程度	12			
	资料查找	12			
	资料整理	12			
	任务完成情况	12			
合计		100			
总评	自评(30%)+互评(30%)+师评(40%)	综合成绩：			

五、任务小结

请简述实训过程中存在的问题点及改进建议。

思政园地

红旗超高速高效电驱动系统：走出一条属于红旗的自主创新之路

在过去的十年里，我国新能源汽车市场的发展取得了举世无双的成就，我国新能源汽车的产销量已经连续7年居于全球首位。而作为新能源汽车关键零部件的三电系统之一，电驱动系统同样经历了从无到有、从弱到强的发展过程。在过去的十年里，电动驱动技术不断更新和迭代，已成为推动中国新能源汽车市场发展的关键力量。整个产业也从政策驱动阶段进入"政策＋市场"双轮驱动的发展新阶段。中国电动驱动技术经过不断摸索，已经形成了规模化大批量国产的完整产业链。

2023年11月，汽车评价研究院主办的第三届世界十佳电驱动系统评价实车测试及评审会在北京举办，红旗超高速高效电驱动系统、马赫E iD3-160纯电驱动总成、威睿智能电驱等众多国产电驱动系统获得世界十佳电驱动系统殊荣。

红旗超高速高效电驱动系统，通过卓越的技术创新，将电机工作转速和系统效率的上限提升到了产业化的全新高度。在转速提升方面，该电驱动系统采用自主研发的高频控制算法，不仅促进了电机转速的显著提升，还保证了电机在高转速下的稳定性和鲁棒性，实现了高速电机快速平稳控制；通过突破性的高强度转子设计技术，优化了转子拓扑结构，克服了高转速下磁极离心力带来的挑战，使得电机的稳定工作转速达到22 500 r/min。在效率优化方面，该系统采用基于成型绕组结构的低交流损耗技术和高散热效率的精准油冷技术，提升定子槽满率并改善了散热效果，进而提升系统效率。此外，该系统采用SiC基宽禁带半导体功率模块设计及分段驱动技术，实现了全工况下的驱动参数优化，大幅降低了器件的开关损耗；同时，针对该系统开发的全工况频率最优高效电机控制技术，能智能识别用户驾驶工况，并根据驾驶工况智能切换逆变器工作频率，进一步推动了系统最高效率的提升，最高效率达到了国际领先的96%。

该电驱动系统立项之初，摆在研发团队面前的便是一个又一个需要攻克的技术盲区，超高转速电机的动平衡、材料开发、冷却系统开发等问题的解决难度相对于普通电机是呈指数级增大的，这对于当时的研发团队而言，是一个严峻的挑战。红旗研发团队面对挑战没有退缩，而是勇敢地承担起责任，稳扎稳打，逐步深入研究。为了实现精密的动平衡控制，他们从结构和工艺两个方面入手，首先采用定制化的高强硅钢片，其次通过上万次的大数据智能寻优，创新性地设计了超强的转子拓扑结构。在逐步攻克技术难题的过程中，为了进一步提升冷却效果并降低冷却能耗，红旗团队创新开发了智能定向精准冷却技术。这项技术能够根据需要进行降温，以最低的冷却能耗将电机温度始终保持在高效的工作温度范围内。这些创新使得电机的稳定工作转速达到了行业量产中的最高水平——22 500 r/min，标志着红旗在自主创新道路上取得了显著成就。

新能源汽车驱动电机拆装与检修

【项目介绍】

本项目主要学习新能源汽车驱动电机检修的相关知识,包括驱动电机拆装和驱动电机故障检修2个学习任务。学习任务1重点介绍目前主流车型驱动电机的更换方法及主要部件的拆装方法;学习任务2主要介绍永磁同步电机的维修检查和检测方法,以及常见故障的检修方法。

【教学目标】

知识目标

1. 掌握驱动电机的拆装步骤与方法;
2. 掌握驱动电机常见故障的检修方法。

能力目标

1. 能正确对驱动电机进行更换;
2. 能根据维修手册对驱动电机相关部件进行拆解、检测与更换;
3. 能正确对驱动电机进行故障检修;
4. 能正确使用安全防护套装及工具。

素养目标

1. 严格执行标准、落实规范,养成精益求精的工匠精神;
2. 养成总结训练过程和结果的习惯,为下次训练积累经验;
3. 养成交流沟通和团结协作意识;
4. 具备不怕苦、不怕脏的劳动精神;
5. 严格执行6S现场管理,培养学生的规范意识和爱岗敬业的工作态度。

学习任务1　新能源汽车驱动电机拆装

【任务描述】

驱动电机是新能源汽车电机及控制系统的核心部件,其性能的优劣直接影响整车性能。

现有一辆比亚迪E5,车主反映上电正常,换挡无法行驶,初步判断是旋变传感器发生故障,需进行更换,如何按照规范流程对动力总成进行拆装呢?

【理论知识】

1.纯电动汽车驱动电机与其他部件的连接关系

纯电动汽车驱动电机对外有低压线束连接、高压线束连接和散热水管的连接三种连接关系。驱动电机通过低压线束将电机当前的转速、转子位置、定子绕组温度等信息传送给电机控制器,再由电机控制器传送给整车控制器;电机控制器接收来自动力电池的高压直流电,通过U、V、W三相高压线束控制驱动电机的运转速度、转矩、正反转,以及切换驱动和发电两种工作模式。冷却液经电动水泵被输送至电机控制器的冷却水道,再通过管路流入驱动电机的冷却水道对电机控制器和驱动电机进行冷却,冷却液再由驱动电机冷却水道流向冷却液散热器,冷却液经散热后再进入电动水泵,如此往复循环。具体连接关系如图2-1-1所示。

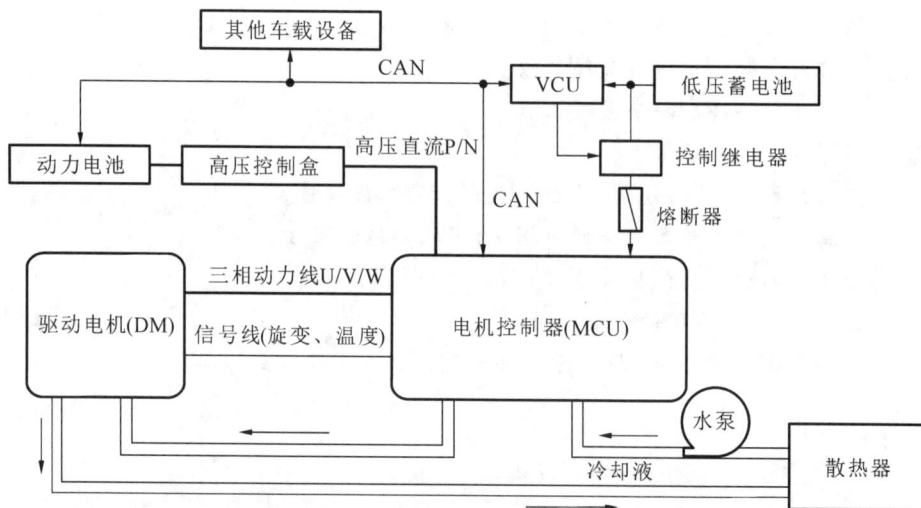

图2-1-1　电机及控制系统连接图

2.比亚迪E5电动汽车驱动电机的组成

比亚迪E5电动汽车采用永磁同步电机,永磁同步电机的结构示意图如图2-1-2(a)所示。

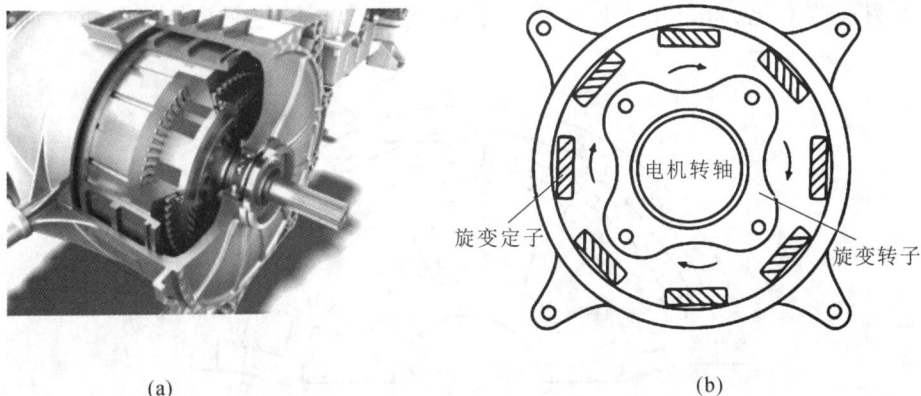

(a)   (b)

图2-1-2　永磁同步电机的结构示意图

机壳中含有冷却水道,电机端盖上有旋转变压器(简称旋变),用以监测转子位置,转子位置信号经控制器解码后可以获知电机转速。定子上有两个温度传感器,埋设在定子绕组中,用以监测电机的绕组温度,控制器可以通过增加冷却风扇运转速度与降低运行功率等措施保护电机,避免过热。

永磁同步电机的速度-转矩特性非常适合汽车驱动的需求。电机转子采用永磁体,旋转磁场和定子线圈共同作用产生转矩。与传统汽油机不同,永磁同步电机没有怠速,即使在车辆由静止到起步的临界状态,电机也可产生最大驱动转矩,可保证车辆的加速性能。

旋转变压器是转子位置传感器,用于确定电机转子的位置,便于电机控制器输出正确相位和频率的电压以控制电机运转。旋转变压器转子安装在电机转子上,随电机共同转动,旋转变压器定子安装在驱动电机后盖上,如图2-1-2(b)所示。

旋转变压器用来测定转子磁极位置,从而为电机控制器内的逆变器(如IGBT模块)提供正确的换向信息。作为角度位置传感器,常用的类型有光学编码器、磁性编码器和旋转变压器。由于制造成本和精度的考虑,磁性编码器并没有像光学编码器和旋转变压器那样得到广泛应用。光学编码器的输出信号是脉冲信号,这种信号本质上是数字信号,因此在数据处理方面相对简单,这也是它得到广泛应用的原因之一。然而,光学编码器的信号处理电路较为复杂,且成本较高。旋转变压器具有优良的可靠性和足够高的精度,能适应更高的转速,在永磁同步电机领域逐渐替代了光学编码器,应用越来越广泛。

从原理上看,旋转变压器相当于一台可以转动的变压器。当励磁绕组以一定频率的交流电压励磁时,输出绕组的电压幅值与转子转角呈正弦、余弦函数关系,或与转子转角保持某一比例关系,或在一定转角范围内与转子转角呈线性关系,如图2-1-3所示。

旋转变压器定子上有励磁绕组、正弦绕组和余弦绕组,转子上有4个凸起。电机工作时,旋转变压器定子绕组上的励磁绕组会产生频率为10 kHz、幅值为7.5 V的正弦波形作为基准信号。当电机转子与旋转变压器的转子同步旋转时,旋转变压器的转子会相对于定子线圈转动,从而改变定子线圈与转子之间的磁通量。这种磁通量的变化导致定子线圈中的正弦绕组和余弦绕组受到励磁绕组的感应,进而使这些绕组中的信号幅值发生变化,这些变化的信号幅值呈现出与转子位置相关的正弦和余弦函数关系。

通过检测这些变化,可以精确地确定转子的位置,为电机控制系统提供重要的反馈信息。

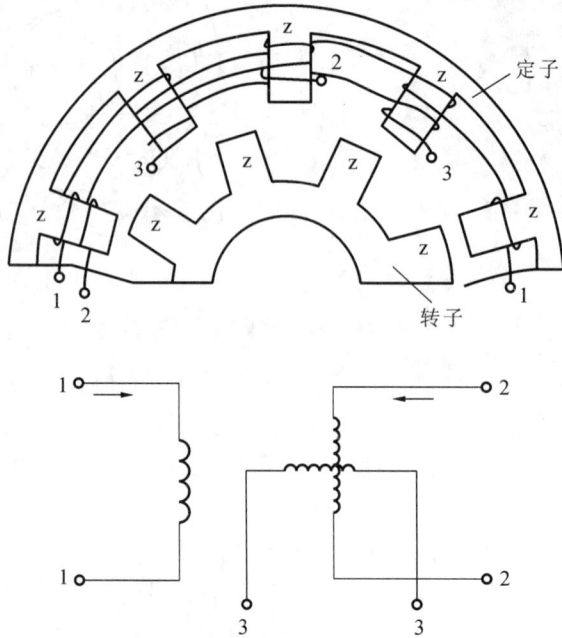

图 2-1-3　旋转变压器的工作原理示意图

【实践知识】

1. 比亚迪E5电动汽车动力总成的拆卸

比亚迪E5搭载的是一台输出功率为160 kW、最大转矩为310 N·m的永磁同步电机,BYD-2217TZB电机技术参数如表2-1-1所示。

表 2-1-1　BYD-2217TZB 电机技术参数

电机最大输出转矩	310 N·m
电机最大输出功率	160 kW
电机额定功率	80 kW
电机最大输出转速	12 000 r/min
电机散热方式	水冷
电机质量	65 kg

在拆分过程中,请注意保护好所有零部件(做好零部件收纳),防止零部件被意外损坏。

1) 动力总成拆卸的准备

在动力总成从整车拆卸前,打开放油螺塞组件(如图2-1-4),将变速器内的润滑油排放干净,拧紧放油螺塞组件于变速器箱体上。在拆卸过程中,防止异物掉入变速器箱体内(注意:不要扭得太紧,以免O型密封圈压碎。)

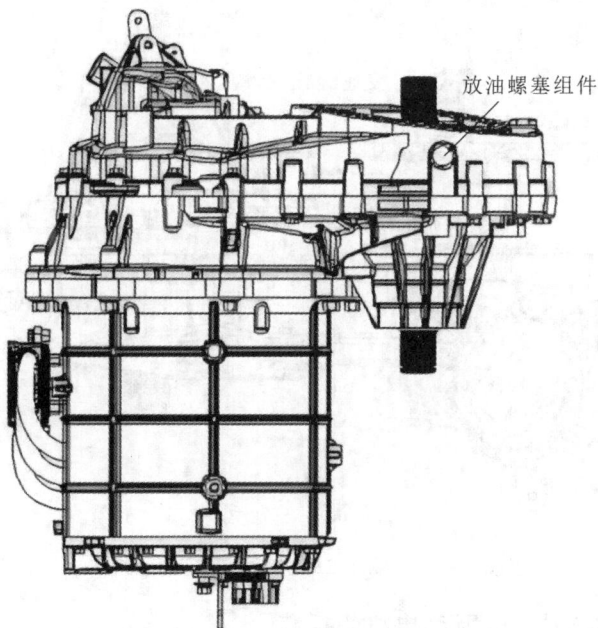

图 2-1-4　比亚迪 E5 纯电动汽车动力总成

2）动力总成的拆卸

　　如图 2-1-5 和图 2-1-6 所示，交错拧开用于固定变速器箱体与驱动电机的六角法兰面螺栓（紧固力矩为 79 N·m），将变速器与驱动电机分离。

　　拆卸完毕后就可以对其中的驱动电机或变速器进行维修。

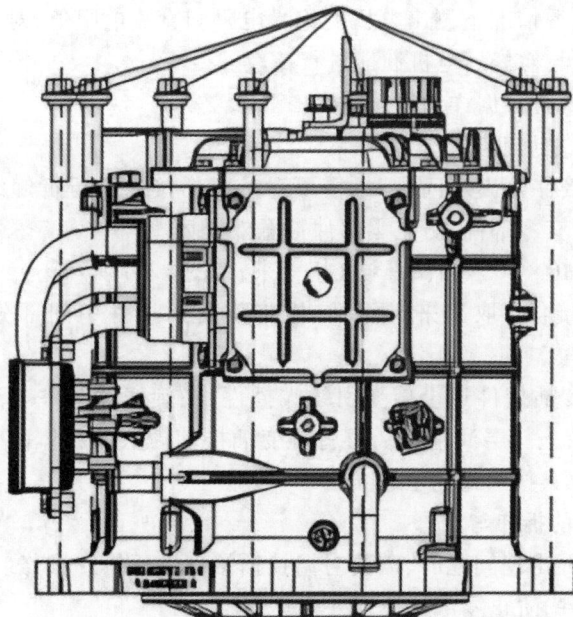

图 2-1-5　比亚迪 E5 纯电动汽车驱动电机

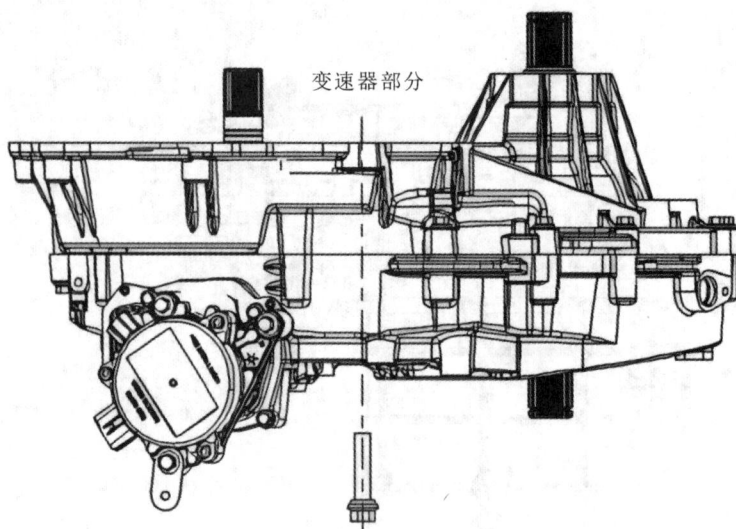

图 2-1-6　比亚迪 E5 纯电动汽车变速器

2. 比亚迪 E5 纯电动汽车驱动电机的拆装

1）拆卸前的检查和试验

电机拆卸前,要熟悉电机结构特点和检修技术要领,准备好拆卸所需的工具和设备,另外,要清理现场工具,将电机外表清扫干净。

向用户了解电机运行情况,必要时,也可做一次检查试验。将电机空转,测出空载电流和空载损耗,同时检查电机各部位温度、声响、振动等情况,并测出电压、电流、转速等数据,这些情况和数据对检修后的电机质量检查有帮助。

另外,在切断电源情况下测出电机的绝缘电阻和直流电阻值,对于高压电机还可测出泄漏电流值,以备与检修后电机性能进行比较。

将以上检查和试验数据详细记录下来。

2）旋变插接件的拆卸与维修

（1）当旋变插接件处出现问题时,需要对旋变插接件进行拆卸维修。在拆分过程中,请注意保护好所有零部件,防止零部件被意外损坏。

（2）用扳手将 M6×10 六角头螺栓 1 扭下来,如图 2-1-7 所示。

（3）将旋变插接件 2 取出来,用斜口钳将旋变插接件中间部分取下,如图 2-1-7 所示。

（4）取新的旋变插接件连上旋变引线端插件,在旋变插接件装配面涂上一层润滑油,箱体配合孔也涂上一层润滑油。再将旋变插接件插入后箱体配合孔内。最后拧紧 M6×10 六角头螺栓 1,扭力矩为 12 N·m。

3）温控插接件的拆卸与维修

当温控插接件处出现问题时,需要对温控插接件进行拆卸维修。在拆分过程中,请注意保护好所有零件,防止零部件被意外损坏。

（1）用扳手将 M6×10 六角头螺栓 1 扭下来,如图 2-1-8 所示。

（2）将温控插接件2取出来，用斜口钳将温控插接件中间部分取下，如图2-1-8所示。

（3）取新的温控插接件连上旋变引线端插件，在温控插接件装配面涂上一层润滑油，箱体配合孔也涂上一层润滑油。再将温控插接件插入后箱体配合孔内。最后拧紧M6×10六角头螺栓1，扭力矩为12 N·m。

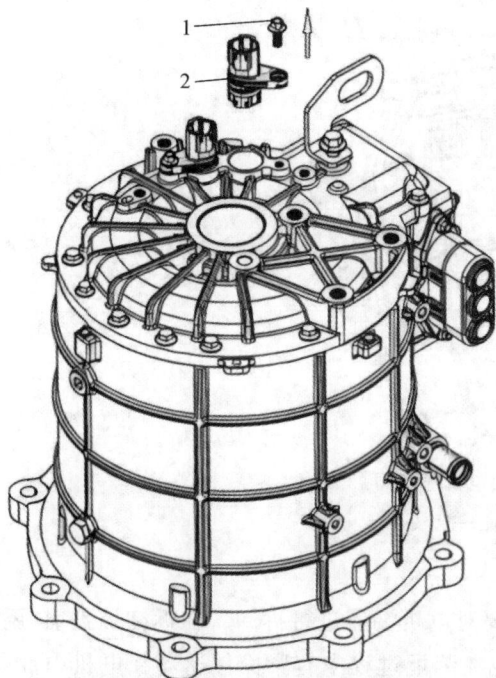

图2-1-7　驱动电机旋变插接件

1—六角头螺栓；2—旋变插接件

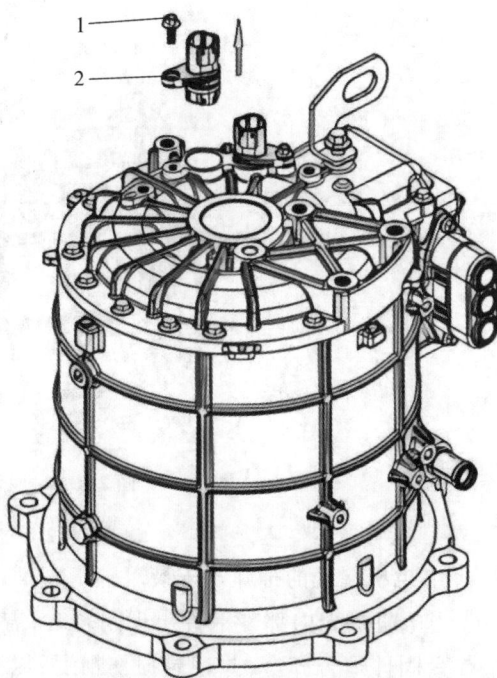

图2-1-8　驱动电机温控插接件

1—六角头螺栓；2—温控插接件

4）通气阀的拆卸与维修

当通气阀处出现问题时，需要对通气阀进行拆卸维修。在拆分过程中，请注意保护好所有零部件，防止零部件被意外损坏。

（1）将固定接线盒盖的M6×16六角头螺栓拧下，去除接线盒盖，通气阀就在接线盒盖上，如图2-1-9所示。

（2）用工具夹住通气阀的卡环将通气阀取下来。

（3）取新的通气阀，均匀用力，将通气阀压入接线盒的安装孔上，压到刚好卡住。

（4）安装接线盒盖时，先在箱体接合面处涂抹上密封胶，盒盖凸点与机壳凸点对应装配，用12 N·m的力矩拧紧M6×16六角头螺栓。

5）电机骨架油封的拆卸与安装

当电机骨架油封处需要维修时，就要更换电机骨架油封。利用工具取出油封，在安装新油封之前要在骨架油封处和壳体配合处均匀涂抹润滑油。利用专用工具把油封向里压紧，千万不能硬碰硬冲。

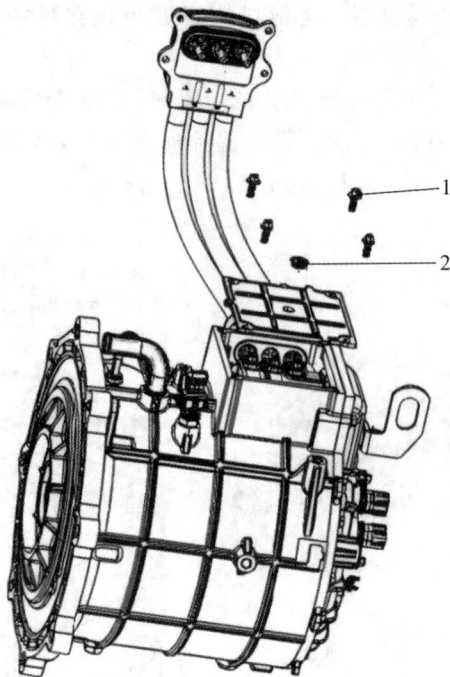

图 2-1-9　驱动电机通气阀

1—六角头螺栓；2—通气阀

6）电机端盖的拆卸与安装

当电机机壳内部零部件出现问题时，需要对电机端盖进行拆卸。在拆卸端盖前，要检查紧固件是否齐全，并记录损伤情况，以免在装配过程中有紧固件遗落在电机内部。拆下的小零件应配在一起，放在专用零件箱内，便于后期装配。拆卸端盖时，螺栓取下后要用专用的台架将轴的花键端顶起（转子与端盖是一体的）。

具体拆卸过程：

（1）用扳手将法兰面螺栓扭下。

（2）用专用工具将端盖从壳体上取下来。由于之前装端盖时在接合面处涂抹了密封胶，在端盖拆下后需对电机内部进行清洁，不得让异物掉入电机内部。

（3）对电机内部进行清理完毕后，要对端盖进行安装。安装端盖时，先在箱体接合面处涂抹密封胶，用定位销对端盖与箱体进行定位，然后用扭力扳手将 M8×20 法兰面螺栓 1 扭紧，扭力矩为 25 N·m，如图 2-1-10 所示。

7）电机内部零部件的拆卸与修理

当电机端盖拆下后，就可以修理壳体内部零部件。

（1）电机转子的拆卸与安装。

当电机转子损坏需要维修时，就要把电机转子取出。利用提转子工具取出电机转子 1，再维修电机转子。维修完后先装配转子再安装端盖。

注意：直接用手抽出转子，较重的转子要考虑使用起重工具和起重设备。为了一次抽出转子,在检修现场往往是在短轴端塞入一个"假轴",将轴接长,便于一次抽出转子,如图2-1-11所示。

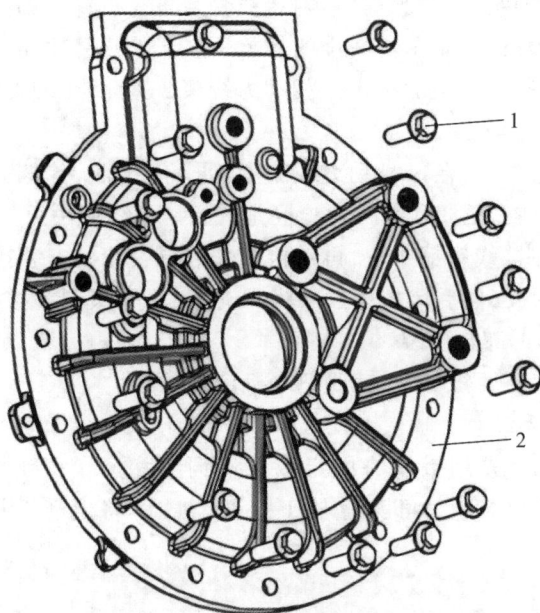

图2-1-10 驱动电机端盖

1—法兰面螺栓;2—端盖

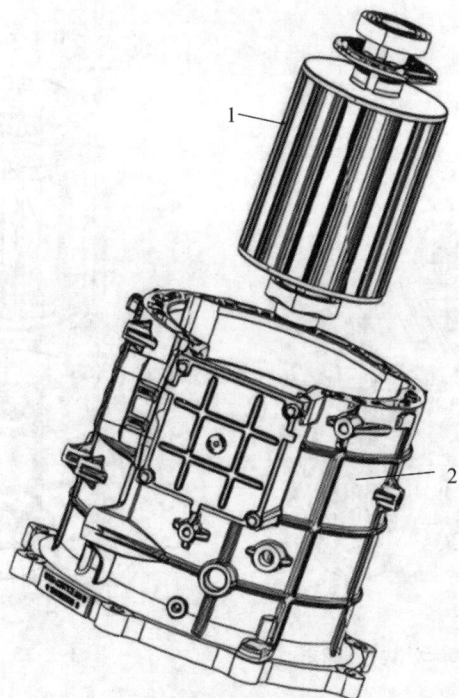

图2-1-11 驱动电机转子

1—电机转子;2—外壳

（2）三相动力线束的拆卸与安装。

① 拆卸前,将电机平放于工作台上,使其平稳放置,确保拆分时电机的安全。

② 当三相动力线束需要维修时,应对接线盒盖进行拆卸。如图 2-1-12 所示,先用扳手将固定三相动力线束和接线座铜排的螺栓 1 拧下。再将固定三相动力线束法兰的 M6×16 六角头螺栓拧下。最后拔出三相动力线束 2 进行维修,拔出时注意不要损坏三相动力线束。

③ 安装:维修完毕后,在三相动力线束上涂抹润滑油,将其装入箱体。在 M6×16 六角头螺栓上涂螺纹胶,用此六角头螺栓固定三相动力线束法兰。然后用螺栓 1 将三相动力线束端子固定在接线座铜排上,再对接线盒进行安装。安装接线盒盖时,先在箱体结合面处涂抹上密封胶,然后用扭力扳手将 M6×16 六角头螺栓拧紧。

（3）电机定子的拆卸与安装。

当电机定子损坏需要维修时,就要把电机定子取出。

① 电机定子的拆卸。

如图 2-1-13 所示,先用扳手将固定接线座铜排和定子引出线的螺栓 2 拧下。再用扳手将固定定子的 M8 六角头螺栓 1 拧下。最后将定子 3 从电机内取出,进行维修。

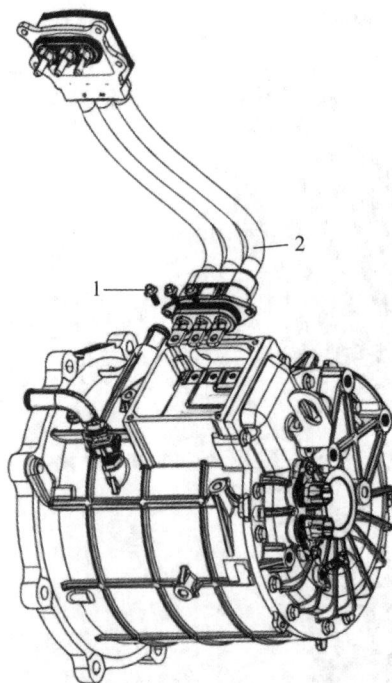

图 2-1-12 驱动电机三相动力线束

1—螺栓;2—三相动力线束

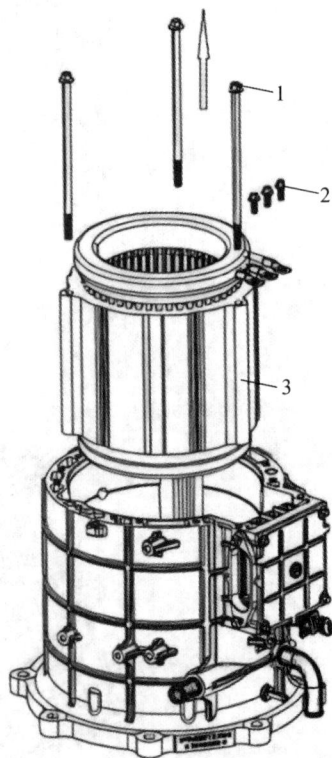

图 2-1-13 驱动电机定子

1—六角头螺栓;2—螺栓;3—电机定子

② 电机定子的安装。

维修完毕后,先将电机定子装入电机内,用12 N•m力矩将螺栓2拧紧。再用25 N•m力矩将M8六角头螺栓1拧紧。最后对端盖进行安装。

8)电机旋变定子的拆卸与安装

当旋变定子需要维修时,需要对箱体端盖进行拆卸,电机的旋变就安装在端盖上。用扳手将螺栓1拧下,将定子引出线从旋变插接件中拔出,取出旋变定子2,如图2-1-14所示。

维修完旋变定子后,就可以安装后端盖了。

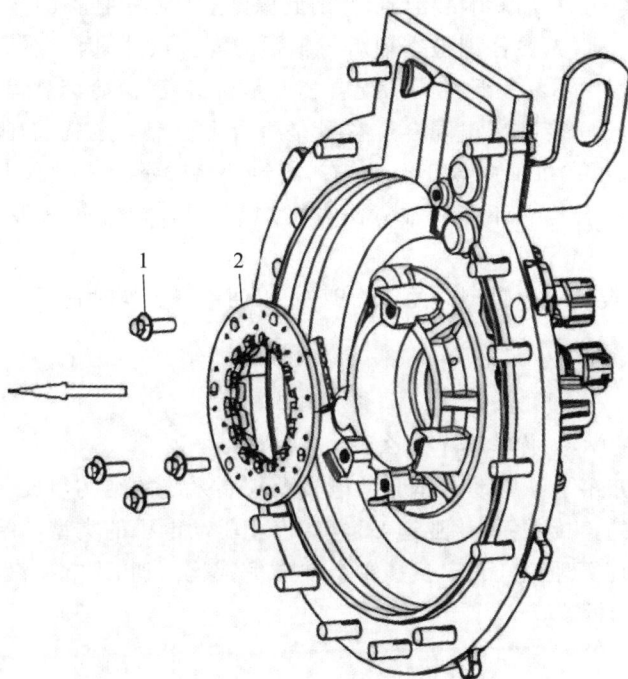

图 2-1-14　电机的旋转变压器

1—螺栓;2—电机旋变定子

3. 电机装配注意事项

1)电机装配过程中的检查

(1)电机装配前,要清扫定子和转子内外表面尘垢,并用沾汽油的棉布擦拭干净。清除电机内部异物和浸漆留下的漆瘤,特别是机座和端盖止口上的漆瘤和污垢,一定要用刮刀和铲刀铲除干净,否则影响电机的装配质量。

(2)检查槽模、齿压板、绕组端部绑扎和绝缘块是否松动和脱落,槽楔和绑扎的五纬带或绑扎绳是否高出铁芯表面。铁芯通风沟要清洗干净,不得堵塞。绕组绝缘和引线绝缘以及出线盒绝缘应良好,不得损伤。绝缘电阻值不应低于规定,还要检查装配零部件是否齐全。检查完成后要用30 MPa左右的压缩空气吹净电机铁芯和绕组上的灰尘。最后按与拆卸时相反的顺序进行电机装配工作。

2）滚动轴承的装配

对于设计为热套装的轴承,在装配过程中应继续采用热套方法进行配合,避免使用冷套配合。如果改用冷套配合,可能会导致轴承在运行过程中出现噪声和过热现象,进而缩短轴承的使用寿命。通常5号机座以下的小型电机是采用冷套配合的。

（1）装配滚动轴承前,要检查轴承内圈与轴径配合公差以及轴承外圈与端盖轴承座的配合公差。同时还要检查轴承、轴颈、端盖轴承座三者配合的表面粗糙度。

（2）装配滚动轴承时,要先把内轴承盖涂好润滑脂套入轴内,然后再套装轴承。在轴颈上薄薄涂上一层机油,便可着手装配轴承。使用铜棒敲击内轴承的方法可能导致轴承内圈受力不均匀,从而影响装配质量,因此原则上是不被推荐的。

（3）热套配合前,先要仔细检查轴承与轴颈的配合尺寸,因为热套与冷套不同,热套时在套入的过程中不易发觉轴颈的配合公差是否适宜,而冷套过程中可以根据套入过程的压紧力大小间接判断出配合过盈量是否合适。热套前需将轴承加热至100 ℃左右,非密封轴承可在机油中煮5 min左右,再迅速将轴承套入轴颈上;对于密封式轴承,因内部已涂满润滑脂,不能用油煮的方式加热,可用电加热法将轴承加热后套在轴上。

装配轴承时,要使轴承带型号的一面朝外,以便检修更换时查看。

【学习小结】

通过本任务的学习,你学会了什么呢?

本学习任务介绍了纯电动汽车驱动电机及控制系统的结构组成,纯电动汽车驱动电机与其他部件的连接关系,比亚迪E5电动汽车驱动电机的类型和结构组成,旋转变压器的功能和原理等理论知识。实践部分要求完成比亚迪E5电动汽车动力总成的拆卸以及驱动电机的拆装。

思考与练习

一、填空题

1. 电机拆卸前,要熟悉_____和_____,准备好_____,另外,要清理现场工具,将电机外表清扫干净。

2. 纯电动汽车驱动电机对外有_____、_____和_____三种连接关系。

3. 驱动电机通过_____将电机当前的转速、_____、定子绕组温度等信息传送给_____,再由电机控制器传送给_____。

4. 旋转变压器定子上有_____绕组、_____绕组和_____绕组。

5. 当驱动电机及控制系统三相动力线束需要维修时,需先对_____进行拆卸。

二、选择题（单选）

1. 新能源汽车电机及控制系统中(　　)接收来自动力电池的高压直流电,通过U、V、

W 三相高压线束控制驱动电机的运转速度、转矩、正反转,以及切换驱动和发电两种工作模式。

A. 驱动电机 　　　　　　B. 电机控制器

C. 动力电池 　　　　　　D. 高压控制盒

2. 比亚迪 E5 电动汽车驱动电机采用的是(　　)。

A. 直流电机 　　　　　　B. 交流异步电机

C. 永磁同步电机 　　　　D. 开关磁阻电机

3. (　　)用来测定转子磁极位置,从而为电机控制器内的逆变器(如 IGBT 模块)提供正确的换向信息,是角度位置传感器元件。

A. 旋转变压器 　　　　　B. 温度传感器

C. 定子 　　　　　　　　D. 转子

4. 比亚迪 E5 搭载的是一台输出功率为 160 kW、最大转矩为(　　)的永磁同步电机。

A.210 N·m 　　　　　　B.310 N·m

C.410 N·m 　　　　　　D.510 N·m

5. 纯电动汽车电机在拆卸前必要时可做一次检查试验:将电机空转,测出空载电流和空载损耗,同时检查电机各部位温度、声响、振动等情况,并测出(　　)等数据,这些情况和数据对检修后的电机质量检查有帮助。

A. 电阻、电流、转速 　　B. 电压、电流、温度

C. 电压、电流、转速 　　D. 电压、电流、转矩

【任务工单2.1】 新能源汽车驱动电机拆装

任务名称	新能源汽车驱动电机拆装	学时	4学时	班级	
姓名		学号		成绩	
任务描述	现有一辆比亚迪E5轿车,车主反映上电正常,换挡无法行驶,初步判断是旋变传感器发生故障,需进行更换,如何按照规范流程对驱动电机进行拆装呢?				
任务目的	根据任务要求,安全、规范地拆装驱动电机。				
车辆信息描述	VIN码		车辆行驶里程		
	电机型号		电机类型		

任务实施过程记录

一、资讯

在进行具体工作前,需要掌握汽车驱动电机结构的相关知识,请查阅相关资料回答下列问题:

(1)驱动电机系统是纯电动汽车核心部件之一,是车辆行驶的_____,其特性决定了车辆的主要性能指标,直接影响车辆的_____、_____和用户驾乘感受。当电机发生故障时则需要尽快更换,另外,当_____、_____等出现问题时,也需要拆卸电机进行检修。

(2)电机按照工作电源种类可划分为_____和_____。

(3)以下属于汽车驱动电机性能要求的是( )。

A.调速范围宽　　　B.瞬时功率大、过载能力强　　　C.制动再生效率高　　　D.电压高

(4)请查阅相关资料,完成比亚迪E5电动汽车驱动电机的技术参数。

项目	参数
类型	
基速	
转速范围	
额定功率	
峰值功率	
额定转矩	
峰值转矩	
总质量	

二、决策与计划

请根据任务要求,确定所需要的检测仪器、工具,并对小组成员进行合理分工,制订详细的诊断和修复计划。

1.实训要求

(1)了解并遵守实训室的安全规定,规范使用设备,确保自己和其他人员的安全。

(2)操作过程中应选择合适的工具并规范使用。

(3)明确操作流程,并按照标准化的操作流程进行作业。

(4)与任课老师积极交流,与同学协调配合,营造和谐的课堂气氛。

(5)遵守6S管理制度,实操完毕后对工具和设备进行整理和清洁。

(6)操作过程中产生废弃物料时,须按照环保要求进行分类和处理。

2.设备、工具及耗材

序号	设备与资料	工具及数量	耗材

3.小组成员分工

以3~5人为一组,选出组长并进行任务分工,将小组成员分工情况填入下表。

小组成员	姓名	任务分工
组长		
组员		

4.工作计划

序号	作业项目	操作要点

三、实施

(1)电动汽车维修作业前做好检查工作及车辆防护工作,并记录信息。

序号	作业项目	作业内容	作业结果
1	现场环境检查		
2	防护用具检查		
3	仪表工具检查		
4	实施车辆防护		

（2）对整车实施高压断电操作,回收制冷剂和冷却液。

序号	作业项目	作业内容	作业结果
1	使用冷媒回收充注机回收制冷剂	观察冷媒回收充注机高压端软管颜色	
		观察冷媒回收充注机低压端软管颜色	
		设定回收剂量	
		设定冷媒回收时间	
2	松开散热器冷却液排放开关,排放冷却液	观察废液收集盘放置位置	
		观察冷却液颜色	
		判断回收的冷却液能否重复使用	

（3）拆卸电机控制器。

序号	作业项目	作业内容	作业结果
1	断开电机控制器与高低压插接件的连接	准备拆卸MCU低压插接件所使用的工具	
		判断MCU高压输入线缆插头类型	
2	拆卸电机控制器的进、出水管	所用拆卸方法	
		需注意事项	
3	拆卸电机控制器与前机舱二层支架连接的螺钉	准备拆卸工具	
		检查螺钉个数	
		拆卸螺钉,并妥善放置	
		拆卸MCU,并妥善放置	

（4）拆卸空调压缩机。

序号	作业项目	作业内容	作业结果
1	拆卸U、V、W三相动力线束的固定卡扣,拔掉电机低压插接件、空调压缩机高低压插接件和高低压空调管	检查卡扣个数	
		电机低压插接件的解锁方法	
2	拆卸空调压缩机与电机的连接螺栓,取下压缩机	检查需拆卸螺栓的个数	
		分析螺栓规格	
		准备拆卸工具	

（5）拆卸真空泵、真空罐。

序号	作业项目	作业内容	作业结果
1	拔掉真空罐压力信号线束插接件和真空泵的电源插头,断开真空软管	真空罐压力信号线束插接件的解锁方法	
		真空泵电源插头的解锁方法	
2	拆卸真空泵、真空罐与动力总成的连接螺栓,取下真空泵、真空罐	检查需拆卸螺栓的个数	
		分析螺栓规格	
		准备拆卸工具	

(6)拆卸驱动半轴。

序号	作业项目	作业内容	作业结果
1	拆卸减速器放油螺塞,放出润滑油,泄放完毕拧紧放油螺塞	准备使用工具	
		分析螺塞规格	
		准备润滑油收集设备	
		确定放油螺栓拧紧力矩	
2	解锁车轮中的六角螺母的锁止机构,拧出六角螺母	准备解锁工具	
		观察螺母规格	
3	拆卸下支臂球头螺栓,使用工具将驱动半轴从减速器中撬出,拔下左右两个驱动半轴	准备使用工具	
		观察下支臂球头螺栓规格	

(7)拆卸驱动电机和减速器总成。

序号	作业项目	作业内容	作业结果
1	拔掉驱动电机上的进、出水管	所用拆卸方法	
		需注意事项	
2	拆卸动力总成下方悬置软垫的固定螺栓	检查需拆卸螺栓的个数	
		观察小螺栓规格	
		观察大螺栓规格	
3	用套缸式举升机托举驱动电机,拆卸动力总成上方固定螺栓	检查需拆卸左上方固定螺栓的个数	
		检查需拆卸右上方固定螺栓的个数	
		观察螺栓规格	
4	降下套缸式举升机,将拆卸下来的动力总成移出车底	需注意事项	

(8)安装按拆卸的相反顺序进行。

序号	作业项目	作业内容	作业结果
1	拧紧动力总成上方固定螺栓	设定拧紧力矩	
2	拧紧车轮固定螺母	设定拧紧力矩	
3	加注空调制冷剂	准备加注设备	
4	加注冷却液	预定冷却液截止位置	

四、考核评价

考核评价表

考评项目	考评内容	配分	评分		
			自评	互评	师评
职业素养（40分）	考勤、着装	6			
	安全意识	8			
	责任、服务意识	8			
	团队意识	5			
	组织纪律	5			
	环境卫生	8			
技能操作（60分）	操作规范	12			
	表达熟练程度	12			
	资料查找	12			
	资料整理	12			
	任务完成情况	12			
合计		100			
总评	自评（30%）+互评（30%）+师评（40%）		综合成绩：		

五、任务小结

请简述实训过程中存在的问题点及改进建议。

学习任务2 新能源汽车驱动电机检修

【任务描述】

现有一辆吉利帝豪EV450轿车,车主反映上电正常,换挡无法行驶,初步判断是驱动电机发生故障,需进行检修,驱动电机常见故障有哪些?如何按照规范流程对驱动电机进行检修呢?

【理论知识】

1.驱动电机故障类型

因驱动电机由高压供电工作,所以驱动电机检修之前应做好高压安全防护。在举升车辆前,操作人员应穿戴绝缘头盔、绝缘手套、绝缘鞋和护目镜。当插拔驱动电机相关高压线束时,操作人员应按正确操作规范先进行下电操作,再进行其他相关操作。

驱动电机故障集电气与机械于一体,其表现呈多样性,既有机械故障的一般特性,也有电气故障、磁场故障等特性。长期以来,人们通过大量的故障结果分析发现,电机故障按其原因分,约70%源于机械故障(主要是轴承故障),约30%源于电气故障(主要是绕组故障)。

1) 机械故障

常见的机械故障有扫膛、振动、轴承过热、损坏等。

(1)一般由于轴承严重超差、端盖内孔磨损或端盖止口与机壳止口磨损变形,会导致电机壳、端盖、转子三者不同轴,从而引起扫膛现象。

(2)振动多是由于转子动平衡不好,以及轴承不良,转轴弯曲,端盖、机壳与转子不同轴心,紧固件松动等造成。振动不但会引起噪声,还会产生额外负荷。

(3)轴承过热多是由于轴承的配合太紧或太松、轴承损坏等原因引起的。

2) 电气故障

常见的电气故障有电压不正常、绕组绝缘故障、绕组短路、绕组断路、电机断相运行等。

(1)电压不正常。电压偏高会使励磁电流增大,导致电机过热,过高的电压会危及电机的绝缘性能,使其有被击穿的危险。电压过低,电磁转矩会大大降低,相同负载下电机转速会下降。三相绕组电压不对称,即一相电压偏高或偏低时,会导致某相电流过大,进而导致电机发热而损坏绕组。

(2)绕组绝缘故障。绕组绝缘受到损坏,使绕组的导体与铁芯或机壳之间相接触,即为绕组绝缘故障。电机绕组绝缘故障时容易发生触电危险。

(3)绕组短路。绕组中相邻两条导线之间的绝缘损坏后,使两导体相接触,就称为绕组短路。发生在同一绕组中的绕组短路称为匝间短路,发生在两相绕组之间的绕组短路称为相间短路。无论哪种短路,都会引起某一相或两相电流增加,引起局部过热,使绝缘层老化进而损坏电机。

(4)绕组断路。绕组断路是指电机的定子或转子绕组碰断或烧断造成的故障。

(5)电机缺相运行。永磁同步电机在运行过程中,断了一相绕组就会形成缺相运行。如果电机的负载没有改变,则电机处于严重过载状态,定子电流将达到额定值的2倍甚至更高,时间稍长电机就会烧毁。

2.电机故障检查方法

1)听

听,即认真细听电机的运行声音是否异常。可将车辆举升,使驱动电机运转,借助螺钉旋具或听棒等辅助工具,贴近电机两端听,以便发现电机是否存在不良振动。

2)闻

通过闻电机的气味也能判断故障。若发现有特殊的油漆味,说明电机内部温度过高;若发现有较重的煳味,则可能是绝缘层被击穿或绕组已烧毁。

3)摸

摸电机一些部位的温度也可判断故障。用手背去碰触电机外壳、轴承周围部分,若发现温度异常,其原因可能为散热不良、电机过载、定子绕组匝间短路或三相电流不平衡;若轴承周围温度过高,则可能是轴承损坏。

4)测

使用绝缘电阻表或绝缘测试仪的500 V挡位测量电机三相绕组引出线与机壳之间的绝缘电阻,正常情况下应大于500 Ω/V;电机整体绝缘电阻大于2 MΩ,则表明电机绝缘良好。因绝缘故障会导致触电事故,所以新能源汽车的车载诊断系统对绝缘故障均有良好的监测。

3.电机的维修检查

1)电机启动前的准备工作

(1)做好励磁装置的调试工作。调试和整定好灭磁、脉冲、投励、移相等装置。调试好之后,要检查各装置环节工作是否正常。

(2)检查电机定子回路控制开关、操纵装置是否可靠,各保护系统是否正常。

(3)电机在启动前,应采用风压为0.196～0.294 MPa的干燥压缩气体对电机进行吹风清扫工作,检查绕组绝缘表面是否完好等。

(4)检查冷却系统,如通水管道是否打开,水压是否正常,冷却器和管道有无漏水现象;检查铁芯状况。

(5)检查轴承和润滑系统,要求轴承内油质清洁。

(6)清扫和检查启动设备,清查电机和附属设备有无他人正在工作。

(7)测试电机和控制设备的绝缘电阻,并与上次值相对照,应不低于上次测量值的50%～80%。

2)电机运行中的维护检查

维护人员必须按照有关专业规程和管理制度对电机进行正确的检查和操作,使电机能安全可靠地运行。同时要按规定,做好巡回检查,如电机各部温度、振动、噪声和气味等检查工作。一般电机运行中的检查内容如下:

(1) 三相电压不平衡度不应大于5%。

(2) 轴承最高温度:滚动轴承为95 ℃,滑动轴承为75 ℃。

(3) 用温度计法测量,绕组与铁芯的最高温升不应超过105 K(H级绝缘)。

(4) 环境温度:最低为5 ℃,最高为35 ℃。长期停用的电机要保存在5~15 ℃的环境中。

(5) 空气相对湿度应在75%以下。

3) 停机后的检查

电机停转后,要进行吹风清扫工作,详细检查绕组绝缘有无损伤,引线绝缘是否完好,零部件是否有松动;转子支架和机械零部件是否有开焊和裂缝现象,磁匝紧固螺栓、穿芯螺栓是否松动;最后检查轴承状态。

4.电机运行常见故障及处理方法

电机运行时,常见的故障现象、故障原因及处理方法见表2-2-1。

表 2-2-1 电机常见故障原因及处理方法

故障现象	故障原因	处理方法
电机启动困难或不启动	电源电压过低	调整电源电压到所需值
	电机过载	减轻负载后再启动
	机械卡住	检查后先停车解除机械锁止然后再启动电机
电机运行温度过高	负载过大	减轻负载
	电机扫膛	检查气隙及转轴、轴承是否正常
	电机绕组故障	检查绕组是否有接地、短路、断路等故障,若有,应予排除
	电源电压过高、过低,或三相电压不平衡	检查电源,调整电压值,使其符合要求
	电机冷却系统故障	检修电机冷却系统
电机运行时振动过大	定子三相电压不对称	检查电源,使三相电平衡
	铁芯转配不平衡	重新拧紧拉紧螺杆或在松动的铁芯片中打入楔子固定
	定子绕组并联支路中某支路断开	检查直流电阻,查出后焊接
	定转子气隙不均	调整电机气隙,使其均匀
	电机底座和基础板不坚固	加固电机地脚螺栓,加强基础
	联轴器松动	拧紧连接螺栓,必要时更换螺栓
	转轴弯曲	进行调直或更新

续表

故障现象	故障原因	处理方法
电机运行时振动过大	转子磁极松动	检查固定键并重新紧固
	负载不平衡	检查出机械负载故障并排除
	机组定中心不好	重新定中心
	基础自由振动频率与电机的振动频率接近产生共振	改变基础的自由振动频率,使两者不产生共振
	转子不平衡	做平衡检查试验

【实践知识】

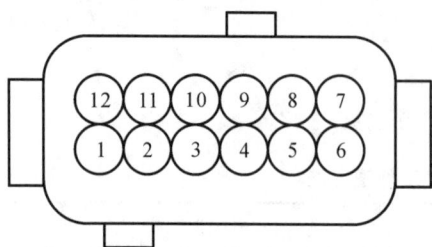

图2-2-1 驱动电机低压线束插接器

1.永磁同步电机旋变传感器检测

吉利帝豪EV450轿车驱动电机低压线束插接器位于驱动电机右侧下方,另一端连接到电机控制器。驱动电机低压线束插接器共有12个端子,其针脚排列如图2-2-1所示。

驱动电机低压线束插接器各针脚的端子定义见表2-2-2。

表2-2-2 各针脚的端子定义

端子号	端子定义	端子状态
1	NTC温度传感器1+	—
2	NTC温度传感器1−	—
3	NTC温度传感器2+	—
4	NTC温度传感器2−	—
5	屏蔽接地	—
6	屏蔽接地	—
7	COSL	旋变余弦
8	COS	旋变余弦
9	SINL	旋变正弦
10	SIN	旋变正弦
11	REFL	旋变励磁
12	REF	旋变励磁

检测旋转变压器绕组电阻:常温下,将数字万用表调至电阻挡,分别测量旋转变压器的励磁绕组电阻、余弦绕组电阻和正弦绕组电阻。

吉利帝豪EV450轿车驱动电机的旋转变压器励磁绕组电阻约为9.5 Ω,正弦绕组电阻约为 13.5 Ω,余弦绕组电阻约为 14.5 Ω。驱动电机温度传感器 1 和温度传感器 2 在 −40 ℃时,正常电阻约为 241 Ω;在 20 ℃时,正常电阻约为 13.6 Ω;在 85 ℃时,正常电阻约为 1.6 Ω。阻值随温度升高而降低,随温度降低而升高。

2.永磁同步电机绝缘电阻检测

吉利帝豪 EV450 轿车驱动电机与电机控制器通过 U、V、W 三相高压线束连接,传递高压电流,其连接端子如图 2-2-2 所示。若驱动电机出现绝缘故障,将导致漏电现象,当人触摸车体时就有触电的危险。

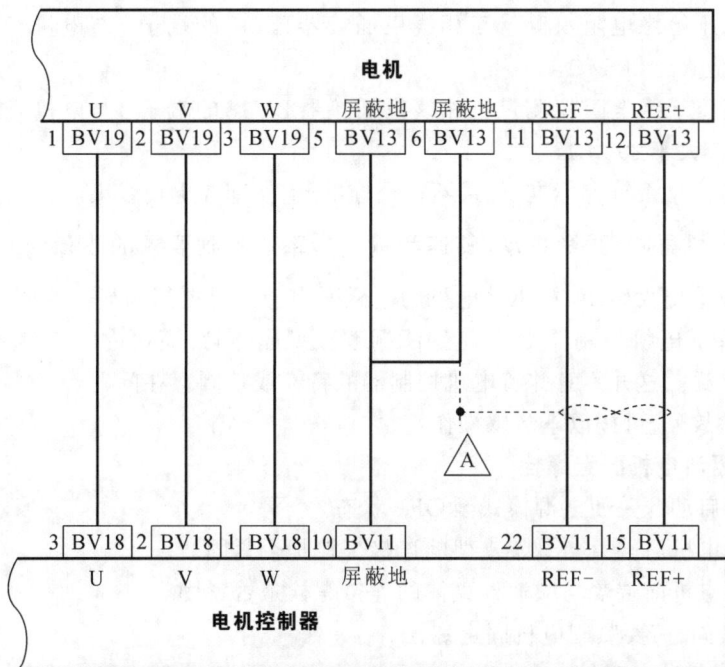

图 2-2-2 驱动电机与电机控制器三相高压连接端子

检查驱动电机的绝缘性可按以下步骤操作:

1) 确认高压回路已切断

(1) 操作启动开关使电源模式至 OFF 状态。

(2) 断开蓄电池负极线束。

(3) 断开直流母线。

(4) 断开电机控制器高压线束插接器 BV18,如图 2-2-3 所示。

(5) 等待 5 min。

(6) 用万用表检测电机控制器的两端电压。标准电压应小于 5 V,如果电压未达到要求,需继续等待电机电压下降。

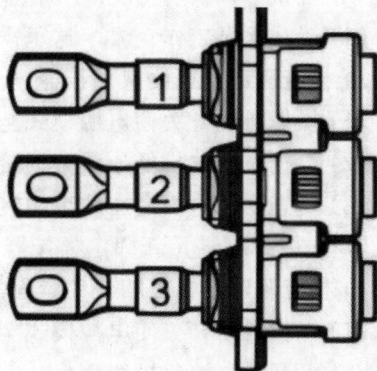

图 2-2-3 电机控制器高压线束插接器 BV18

2）检测电机绝缘阻值

（1）操作启动开关使电源模式至OFF状态。

（2）断开蓄电池负极线束。

（3）断开直流母线。

（4）拆卸驱动电机三相线束插接器BV18（电机控制器侧）。

（5）将高压绝缘电阻仪的挡位调至1000 V。

（6）用高压绝缘电阻仪测量三相线束插接器BV18的端子1与电机壳体之间的电阻，标准电阻应大于20 MΩ。

（7）用高压绝缘电阻仪测量三相线束插接器BV18的端子2与电机壳体之间的电阻，标准电阻应大于20 MΩ。

（8）用高压绝缘电阻仪测量三相线束插接器BV18的端子3与电机壳体之间的电阻，标准电阻应大于20 MΩ。

确认测量值是否符合标准，如果不符合标准，应修理或更换线束。

3. 驱动电机异响、强烈振动、转速和输出功率达不到要求的故障诊断

在极低速输出大转矩时，驱动电机的电磁噪声会变得更加明显。遇此工况时，电机控制器就会降低电机控制器IGBT（绝缘栅双极型晶体管）模块内的变换频率，这时就会出现上述状况。这并不意味着电机控制器的特性或控制存在问题。

要想排除故障，可按以下步骤操作：

1）紧固驱动电机固定螺栓

（1）操作启动开关使电源模式至OFF状态。

（2）检查电机后端盖与悬架支架的连接螺栓是否紧固。

（3）检查电机前端盖与减速器壳体的连接螺栓是否紧固。

如果不紧固，需要紧固电机固定螺栓。

2）检查电机冷却系统

（1）操作启动开关使电源模式至ON状态。

（2）检查冷却管路有无老化、变形、渗漏现象。

（3）确认散热器、管路无水垢或堵塞现象。

（4）确认水泵工作正常。这里需要优先排除冷却系统故障。

3）检查驱动电机线束插接器

（1）操作启动开关使电源模式至OFF状态。

（2）检查驱动电机低压线束插接器是否插接牢固、无松脱。

（3）检查驱动电机高压线束插接器是否插接牢固、无松脱。

若存在松脱，需重新固定插接器。

4）检查驱动电机三相线束紧固力矩

（1）操作启动开关使电源模式至OFF状态。

（2）断开蓄电池负极线束。

（3）断开直流母线。

（4）检查电机控制器侧三相线束固定螺栓紧固力矩是否符合标准(标准力矩为23 N·m)。

（5）检查驱动电机侧三相线束固定螺栓紧固力矩是否符合标准(标准力矩为23 N·m)。

若紧固力矩不符合标准,则应加固线束固定螺栓。

5) 检测驱动电机三相线束是否相互短路

（1）操作启动开关使电源模式至OFF状态。

（2）断开蓄电池负极线束。

（3）断开直流母线。

（4）断开驱动电机侧三相线束插接器EP61(见图2-2-4)和BV19(见图2-2-5)。

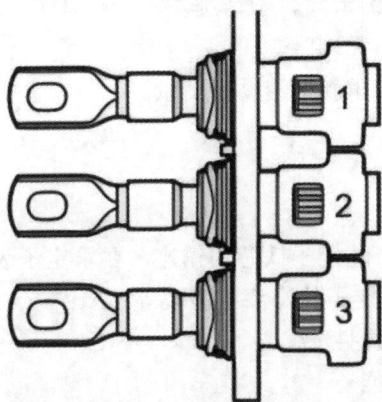

图2-2-4　电机总成线束插接器EP61　　　图2-2-5　电机总成线束插接器BV19

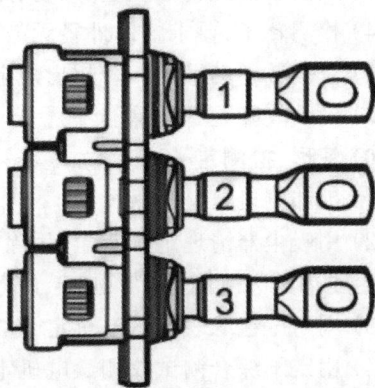

（5）用万用表测量BV19各端子的绝缘电阻,标准值见表2-2-3。

表2-2-3　BV19各端子的绝缘电阻标准值

测量位置A	测量位置B	测量标准值
BV19-1	BV19-2	≥20kΩ
BV19-1	BV19-3	≥20kΩ
BV19-2	BV19-3	≥20kΩ

若绝缘电阻不符合标准,应修理或更换线束。

6) 检测驱动电机三相线束绝缘电阻

该方法在前文中已叙述。

7) 清理、检查前后端盖

（1）拆卸电机。

（2）用除锈清洗剂清洗端盖,确认端盖无灰尘、无杂物,止口无破损、无碰伤。

（3）用内径千分尺测量轴承室,应无磨损、甩圈,轴承室尺寸合格。否则修理或更换后端盖。

8）清理、检测水套壳体

（1）拆卸电机。

（2）用除锈清洗剂清洗水套端面，要求无灰尘、无杂物，止口无破损、无碰伤。

（3）用密封检测工具检测壳体有无漏气现象。

（4）用水道检测工具检测水道是否有堵塞，水流量是否满足冷却要求。

（5）复测转子动平衡。若超出规定数值，则需重新标定动平衡量。

（6）确认故障是否排除。

9）清理、检测转子

（1）拆卸电机。

（2）用电机专用拆装机拆除转子。

（3）用胶带清理转子灰尘、杂物，用除锈清洗剂清除转子锈迹。

（4）检测转子，要求铁芯外径无鼓起、无破损、无剐蹭。

（5）复测转子动平衡。若超出规定数值，则需重新标定动平衡量。

（6）确认故障是否排除。

10）清理、检测定子

（1）拆卸电机。

（2）用吸尘器清理定子灰尘，用除锈清洗剂清除定子铁芯的锈迹。要求定子表面无灰尘，定子内圆无剐蹭、无杂物，定子线包无损伤，定子绝缘漆无脆裂等。

（3）用耐压绝缘表测试电机定子的耐压和绝缘性能。

（4）用定子综合测试仪测试电机定子的电性能。

（5）更换出线端子。

（6）检测温度传感器的绝缘性能。

（7）重新更换三相出线端和温度传感器出线端的绝缘管、热缩管。

（8）确认故障是否排除。

11）检测旋变定子

（1）拆卸电机。

（2）用电阻计检测旋变定子的电阻值。

（3）用耐压绝缘表测试旋变定子的耐压和绝缘性能。

（4）重新更换旋变信号线出线端的绝缘管、端子。

（5）确认故障是否排除。

12）更换前、后轴承

（1）拆卸电机。

（2）用顶拔器拆除旧轴承，用专用压装工具压轴承内圈，更换新轴承，轴承必须装配到位。

（3）将轴用轴承挡圈安装到位。

（4）确认故障是否排除。

若以上方法均未排除故障，则需更换电机。

【学习小结】

通过本任务的学习,你学会了什么呢?

本学习任务介绍了驱动电机故障类型、电机故障检查方法、电机的维修检查项目、电机运行常见故障及修理方法等理论知识。实践部分以吉利帝豪EV450轿车驱动电机为例,介绍了永磁同步电机旋变传感器检测、绝缘电阻检测等流程,以及驱动电机异响、强烈振动、转速和输出功率达不到要求的故障诊断方法。

思考与练习

一、填空题

1.因驱动电机由高压供电工作,所以驱动电机检修之前应做好_____。

2.电压偏高会使励磁电流增大,导致电机_____,过高的电压会危及电机的绝缘性能,使其有被击穿的危险。电压过低,电磁转矩会大大降低,相同负载下电机转速会_____。

3.永磁同步电机在运行过程中,断了一相绕组就会形成缺相运行。如果电机的负载没有改变,则电机处于_____状态,定子电流将达到额定值的2倍甚至更高,时间稍长电机就会烧毁。

4.使用绝缘电阻表或绝缘测试仪的500 V挡位测量电机三相绕组引出线与机壳之间的绝缘电阻,正常情况下应大于____ Ω／V;电机整体绝缘电阻大于____ MΩ,则表明电机绝缘性能良好。

5.旋转变压器绕组电阻检测:常温下,将数字万用表调至电阻挡,分别测量旋转变压器的_____电阻、_____电阻和_____电阻。

6.电机故障按其原因分,约70％源于_____故障(主要是轴承故障),约30％源于_____故障(主要是绕组故障)。

二、选择题(单选)

1.电机常见的电气故障有电压不正常、( )、绕组短路、绕组断路、缺相运行等。

A.轴承过热　　　　B.扫膛　　　　　C.绕组绝缘故障　　D.转子动平衡不好

2.关于电机运行过程中的一般检查内容,三相电压不平衡度不应大于( )。

A.5％　　　　　　B.10％　　　　　C.15％　　　　　　D.20％

3.电机启动困难或不启动的故障原因有( )、电机过载、机械卡住。

A.电源电压过高　B.电源电压过低　C.三相不平衡　　C.三相电压不对称

4.吉利帝豪EV450轿车驱动电机的旋转变压器励磁绕组电阻约为( )。

A.13.5 Ω　　　　B.14.5 Ω　　　　C.9.5 Ω　　　　　D.10.5 Ω

【任务工单2.2】 驱动电机旋变传感器检测

任务名称	驱动电机旋变传感器检测	学时	4学时	班级	
姓名		学号		成绩	
任务描述	现有一辆吉利EV450汽车,车主反映上电正常,换挡无法行驶,初步判断是旋变传感器发生故障,需要对旋变传感器进行检测,如何按照规范流程对旋变传感器进行检测呢?				
任务目的	根据任务要求,安全、规范地检测驱动电机旋变传感器。				
车辆信息描述	VIN码		车辆行驶里程		
	驱动电机型号		驱动电机功率		

任务实施过程记录

一、资讯

在进行具体工作前,需要掌握驱动电机旋变传感器工作原理及检测的相关知识,请查阅相关资料回答下列问题:

(1)查阅吉利EV450汽车的电路图,旋变传感器电路图所在页码为_____。

(2)画出吉利EV450汽车的旋变传感器线路简图。

旋变传感器连接图	旋变传感器线路含义及标准值	
	旋变传感器端子	含义

(3)查找旋变传感器主要故障代码及含义,所在页码为_____。

故障码	含义
P0C5300	
P0C511C	
P0C5200	
P0A4429	
P170900	
P150700	
P171000	

二、决策与计划

请根据任务要求,确定所需要的检测仪器、工具,并对小组成员进行合理分工,制订详细的诊断和修复计划。

1.实训要求

(1)了解并遵守实训室的安全规定,规范使用设备,确保自己和其他人员的安全。

(2)操作过程中应选择合适的工具并规范使用。

(3)明确操作流程,并按照标准化的操作流程进行作业。

(4)与任课老师积极交流,与同学协调配合,营造和谐的课堂气氛。

(5)遵守6S管理制度,实操完毕后对工具和设备进行整理和清洁。

(6)操作过程中产生废弃物料时,须按照环保要求进行分类和处理。

2.设备、工具及耗材

序号	设备与资料	工具及数量	耗材

3.小组成员分工

以3~5人为一组,选出组长并进行任务分工,将小组成员分工情况填入下表。

小组成员	姓名	任务分工
组长		
组员		

4.工作计划

序号	作业项目	操作要点

三、实施

1.检测旋变传感器信号电压

序号	作业内容	完成情况		
1	打开点火开关,车辆上电	□是　　□否		
2	使用万用表交流挡,测量电机控制器BV11/22端子与BV11/15端子之间的信号电压(励磁)	测量值 交流(AC) ＿＿＿＿V	标准值 交流(AC) 5.72 V	判断 □正常 □异常
3	使用万用表交流挡,测量电机控制器BV11/17端子与BV11/24端子之间的信号电压(正弦)	测量值 ＿＿＿＿V	标准值 0.49 V	判断 □正常 □异常
4	使用万用表交流挡,测量电机控制器BV11/16端子与BV11/23端子之间的信号电压(余弦)	测量值 ＿＿＿＿V	标准值 0.28 V	判断 □正常 □异常
5	检测分析			

2.检测旋变传感器余弦元件

序号	作业内容	完成情况		
1	关闭点火开关,断开蓄电池负极	□是　　□否		
2	断开驱动电机线束插头BV13端子	□是　　□否		
3	使用万用表测量BV13/7端子与BV13/8端子之间的电阻(余弦)	测量值 ＿＿＿＿Ω	标准值 14.5±1.5 Ω	判断 □正常 □异常
4	检测分析			

3.旋变传感器余弦线路断路故障

序号	作业内容	完成情况		
1	把启动开关打至OFF挡,断开蓄电池负极	□是　　□否		
2	断开驱动电机线束连接器BV13端子	□是　　□否		
3	断开电机控制器线束连接器BV11端子	□是　　□否		
4	测量线束连接器BV11/23端子与BV13/（　）端子之间的电阻值	测量值 ＿＿＿＿Ω	标准值 ＿＿＿＿Ω	判断 □正常 □异常
5	测量线束连接器BV11/16端子与BV13/（　）端子之间的电阻值	测量值 ＿＿＿＿Ω	标准值 ＿＿＿＿Ω	判断 □正常 □异常
6	检测分析			

4. 故障恢复验证

序号	作业内容	完成情况
1	连接驱动电机线束连接器 BV13 端子	□是　□否
2	连接电机控制器线束连接器 BV11 端子	□是　□否
3	连接蓄电池负极	□是　□否
4	点火开关调整至 ON 挡	□是　□否
5	通过诊断仪清除故障码,验证系统是否有故障码存在	□正常　□异常
6	车辆上电	□正常　□异常
7	车辆行驶	□正常　□异常
8	验证结果	□正常　□异常

四、考核评价

考核评价表

考评项目	考评内容	配分	评分		
			自评	互评	师评
职业素养 (40分)	考勤、着装	6			
	安全意识	8			
	责任、服务意识	8			
	团队意识	5			
	组织纪律	5			
	环境卫生	8			
技能操作 (60分)	操作规范	12			
	表达熟练程度	12			
	资料查找	12			
	资料整理	12			
	任务完成情况	12			
合计		100			
总评	自评(30%)+互评(30%)+师评(40%)		综合成绩:		

五、任务小结

请简述实训过程中存在的问题点及改进建议。

思政园地

跃科智研：打造驱动新能源车的"中国芯"

驱动电机及其控制系统是新能源汽车的核心部件之一，其驱动特性直接决定爬坡、加速、最高速度等主要性能指标。随着国内新能源汽车行业快速发展，扁线电机行业也水涨船高，成为市场的"香饽饽"。

相较于传统电机，扁线电机的槽满率更高，其续航能力有明显优势。但扁线电机对生产的稳定性和合格率有着极为严格的要求，特别是其中的定子生产是新能源电机驱动系统中工艺最复杂、设备制造难度最大、精度要求最高的一环，其高端自动化生产线设备工艺在国内外仍处于起步阶段。

如何实现扁线电机生产线的自动化、柔性化、智能化？"我们身处这个行业，团队通过项目曾经去国外学习过这门技术。不仅市场有需求、团队有经验、前景很广阔，还可以为提升国内电驱动制造装备水平贡献力量，我认为这是一个创业的好时机。"2020年5月，沈潇潇与几位合伙人在江苏省无锡市锡山经济技术开发区成立跃科智能制造（无锡）有限公司（简称跃科智研）。仅用三年时间，跃科智研就完成了飞跃。2021年，跃科智研建成国内首条年产能超过10万的全自动扁线定子生产线，为扁线电机产业链补上"短板"；2022年，跃科智研的市场占有率跃居全国前三名；2023年，跃科智研收获大众公司的电驱动扁线定子智能生产线订单，这是大众公司首次在该领域引入中国供应商。

从国内首条波绕定子量产线设备的落地到拥有全球首创平排插线技术的第二代线成型&自动插线一体机，跃科智研成功研发了扁线电机成型及自动插线技术，成为全球第三家、中国唯一一家掌握下一代扁线电机——波绕扁线定子产线研发能力的公司。起步就选择最难的扁线定子，而后又扩展到转子、多合一装配线及智能工厂系统，跃科智研迅速成长为一家专业的扁线定子智能制造系统解决方案提供商。这背后的底气，源于强大的研发能力。目前，企业有授权发明专利26项、实质审查发明专利5项、授权实用新型专利37项、授权软件著作权3项，获评高新技术企业、江苏省专精特新中小企业、江苏省潜在独角兽，获批"无锡市扁线电机智能装备工程技术研究中心"，入围省、市、区人才计划支持。

在沈潇潇看来，对于"工业美感"的追求，是赢得市场青睐的重要条件之一。在一次深夜加班时，团队技术负责人叶新受到一幅现代艺术画作的启发，将简约而优雅的美学理念融入设计之中。这款新设备在行业展览会首次亮相即成焦点，订单量激增，也成为跃科智研的一张亮丽名片。

这是一个励志的创业故事，讲述了一个朝气蓬勃的团队，他们致力于为中国电驱动制造装备的跨越式发展贡献智慧和力量。凭借着创新、美学和精益求精的深度融合，跃科智研赢得了国内外众多客户的认可，包括中车、汇川、比亚迪、广汽埃安、德国大众、日本电产等知名企业的青睐。公司的产能也从第一年的600万订单增长到第三年的6亿订单。

项目三

新能源汽车驱动电机冷却系统拆装与检修

【项目介绍】

本项目主要学习新能源汽车驱动电机冷却系统的相关知识,包括新能源汽车驱动电机冷却系统拆装、新能源汽车驱动电机冷却系统检修2个学习任务。学习任务1重点介绍驱动电机冷却系统的结构和驱动电机冷却控制原理等内容;驱动电机温度过高原因多种多样,有电机自身故障,也有冷却系统故障等原因,学习任务2主要分析与驱动电机冷却系统相关的故障原因及检修方法。

【教学目标】

知识目标

1. 掌握驱动电机热量来源及冷却方式;
2. 掌握驱动电机冷却系统结构及控制逻辑;
3. 掌握驱动电机冷却系统常见故障的检修方法。

能力目标

1. 能正确对驱动电机冷却系统进行维护检查;
2. 能根据维修手册对驱动电机冷却系统相关部件进行拆解、检测与更换;
3. 能正确对驱动电机冷却系统进行故障检修;
4. 能规范使用安全防护套装及工具。

素养目标

1. 严格执行标准落实规范,养成严谨科学的工作态度;
2. 养成良好的安全防护职业意识;
3. 养成交流沟通和团队协作意识;
4. 具备不怕苦、不怕累的劳动精神;
5. 严格执行6S现场管理,培养学生的规范意识和爱岗敬业的工作态度。

学习任务1　新能源汽车驱动电机冷却系统拆装

【任务描述】

驱动电机是新能源汽车发热元件之一，电机发热原因诸多，电机冷却方式也多种多样。

现有一辆比亚迪E5，仪表提示驱动电机温度异常，功率受限，无法加速，初步判断是电机冷却系统故障。如何按照规范流程对电机冷却系统进行拆装呢？

【理论知识】

1. 电机发热的原因

电机运行时产生的各种能量损耗都主要转变成热能，使电机各组成部分的温度升高，且电机各处的温度互不相同。电机各发热部分的温度与周围温度之差称为温升。电机本身会有两种主要的损耗：铁损和铜损。

1）铁损

所谓铁损，就是电机中的铁的部分发热而引起的损失。电机磁路的铁的部分包括以下三部分。

（1）铁芯。电磁铁（线圈）的铁芯部分，一般是由叠层电磁钢片构成的。

（2）磁铁。磁铁有永久磁铁、铁氧体磁铁、铝镍钴合金磁铁、钕磁铁等。

（3）磁轭。磁轭是电机磁路的一部分，它通常由高导磁性材料制成，如硅钢片、Q235钢或软磁合金。磁轭的存在有助于形成闭合的磁路，从而提高磁场的效率和性能。

这三部分都有产生铁损的可能。铁损大致分为磁滞损耗和涡流损耗两种。

在磁性材料内部，有一种叫作磁畴的小单位。这些磁畴的磁场方向（磁畴的取向）一致。磁滞损耗是磁性材料在磁化过程中由于磁畴壁的摩擦和磁畴的重新排列而产生的能量损耗，这种损耗以热能的形式散失。磁滞损耗的大小与材料特性、外加磁场的频率、磁感应强度、温度等因素有关。涡流损耗是磁性材料在交变磁场中由于电磁感应效应而产生的能量损耗。当磁性材料被置于交变磁场中时，材料内部会产生闭合的电流回路，这些电流回路类似于流体中的涡流，因此得名涡流。涡流损耗的大小与材料的电导率、磁导率、厚度，以及磁化频率、温度等因素有关。

为了减小磁滞损耗，可以采用低磁滞材料，优化设计以减小磁滞回线面积，降低工作频率，以及在设计中考虑温度的影响。不过，低磁滞材料的价格较高。为了减小涡流损耗，可以使用低电导率材料以减少涡流的产生，使用绝缘涂层阻断涡流路径，或者把电机的铁芯做成薄片层叠结构（层间做电气绝缘处理），以减小涡流。

此外，磁滞损耗与频率成正比，与磁通密度的平方成正比，涡流损耗分别与频率的平方、磁通密度的平方成正比,因此,在设计电机时,必须对极数(与频率有关)和磁路(有效磁通与磁通密度等)进行缜密的设计。

2) 铜损

铜损是线圈上产生的焦耳热。顾名思义,铜损是指电机的铜材部分,也就是线圈部分的能量损失。线圈有电阻,流入电机的电流(相电流)在电阻上产生能量损耗。铜损 P_{Cu} 可以表示为

$$P_{Cu}=i^2\times r$$

式中,i 表示电流(A);r 表示电阻(Ω)。

为了减小铜损,可采取以下措施:①减小 i,也就是减小相电流;②减小 r,也就是减小线圈电阻。

工程实际中,应当尽量使用较粗的导线,并尽可能使填充系数达到最大值,因此现在很多厂商采用发卡式的扁线电机以提高填充系数。即便如此也难以抑制发热时,对驱动电机线圈进行冷却就是必需的。用风扇进行强制冷却,效果好且结构简单,但电机的结构必须是开放式的。从防尘、防水的角度看,强制风冷不适合电动汽车用电机。一般来说,作为电动汽车用电机,通常采用在与铁芯接触的外壳上通水的水冷方式。电机的工作范围从无负荷状态到堵转状态(受阻停转),无负荷状态下的损失以铁损为主;堵转状态下的损失全部是铜损。电机正常工作时,铁损和铜损都会导致发热。

2. 电机冷却方式

由于在电机使用过程中存在各种损耗,电机温度不断升高,如不能很好地对其进行冷却,就会影响电机的使用寿命。车用电机的功率密度一般都较大,且结构要求紧凑,为了正常使用,冷却尤其重要。

对于工业用开启式电机,一般将环境空气直接强制通入电机内部进行冷却,冷空气将电机热量直接带走并排出到周围的环境中。空气在电机内部的行走路线主要有三种。一种是轴向,冷空气从电机一端进入,从另外一端排出。因只需一端装风扇,所以能装较大直径的风扇,冷却效果比较好,铁芯结构较紧凑;缺点是通风损耗较大,沿电机轴向的温度分布不均匀,一般用于容量较小的电机。另一种是径向,冷空气从两端进入,从铁芯的径向通风道排出。其优点是由于使用轴流风扇,通风效率较高,散热面积较大,沿电机轴向的温度较均匀;缺点是因两端均要装风扇,故风扇的外径只能小于转子的直径,限制了风扇的能力,且需要有径向通风槽,导致电机尺寸略大。还有一种是轴向与径向复合通风,它是结合轴向通风与径向通风二者的优点而设计的,具有较好的通风冷却效果,且温度较均匀,但结构较复杂。

对于封闭式电机,机壳内空气的流动与开启式电机类似。封闭式电机与开启式电机在冷却方式上的主要区别在于热量散发的机制。封闭式电机的冷却过程涉及将机壳内部产生的热量通过换热器传递给外部的冷却介质,其中空气是最常用的,其次是水。当用空气作冷却介质时,通常用与电机同轴的外风扇来产生风压,驱动外界空气实现换热;当用水作冷却介质时,则需专用水泵来驱动循环冷媒水在冷却水箱中循环,实现对机壳内的热空气的冷却。车用电机因要求外观尺寸紧凑,功率密度高,大多采用强制水

冷的方式进行冷却。

1）几个常用术语的概念

（1）冷却：电机在进行能量转换时，总是有一小部分能量损耗转变成热量，为避免电机温升过高，必须通过电机外壳和周围介质将多余热量散发出去，这个散发热量的过程就称为冷却。

（2）冷却介质：传递热量的气体或液体介质称为冷却介质。

（3）冷却器：使一种冷却介质的热量传递到另外一种冷却介质，并保持两种冷却介质分开的装置，称为冷却器。

（4）冷却管路：流体流动的管路即为冷却管路。

2）冷却方法代号的内容规定

（1）电机冷却方法代号主要由冷却方法标志（IC）、冷却介质的回路布置代号、冷却介质代号以及冷却介质运动的推动方法代号组成。格式为：IC＋回路布置代号＋冷却介质代号＋推动方法代号。

（2）冷却方法标志代号用 IC 表示，是英文"international cooling（国际冷却）"的缩写。

（3）冷却介质的回路布置代号用特征数字表示，常用的有 0、4、6、8 等，它们的含义见表3-1-1。

表3-1-1　冷却介质的回路布置代号及含义

代号	含义	简述
0	冷却介质从周围介质直接自由吸入，然后直接返回到周围介质（开路）	自由循环
4	初级冷却介质在电机内的闭合回路内循环，并通过机壳表面把热量传递到周围环境介质，机壳表面可以是光滑的或带肋的，也可以带外罩以改善热传递效果	机壳表面冷却
6	初级冷却介质在闭合回路内循环，并通过装在电机上面的外装式冷却器，把热量传递给周围环境介质	外装式冷却器（用周围环境介质）
8	初级冷却介质在闭合回路内循环，并通过装在电机上面的外装式冷却器，把热量传递给远方介质	外装式冷却器（用远方介质）

（4）冷却介质代号见表3-1-2。

表3-1-2　电机常见冷却介质及代号

冷却介质	代号	冷却介质	代号
空气	A	二氧化碳	C
氢气	H	水	W
氮气	N	油	U

如果冷却介质为空气,则描述冷却介质的字母A可以省略。

(5)推动方式代号有0、1、6、7等几种。

"0"代表自由对流,意味着冷却介质主要依靠周围环境与电机之间的温差来实现散热。这种方式较为简单,通常适用于一些小功率电机或者散热要求不高的场合。

"1"表示自循环,此时冷却介质的运动与电机转速相关,由转子本身以及转子拖运的整体风扇或泵促使介质运动。这种方式在电机运行过程中,随着电机转速的变化,冷却介质的流动速度也会相应改变,能够在一定程度上适应电机不同工作状态下的散热需求。

"6"表示外装式独立部件驱动,即通过安装在电机上的独立部件,如背包风机等,来驱动冷却介质运动。这些独立部件的动力与主机转速无关,能够独立地为冷却介质提供稳定的推动力,确保电机在各种工况下都能得到有效的冷却。

"7"表示分装式独立部件驱动,意味着由与电机分开安装的独立电气或机械部件来驱动冷却介质运动,或者依靠冷却介质循环系统中的压力来实现冷却介质运动。这种方式可以更加灵活地根据电机的实际散热需求进行调整和优化。

3. 冷却系统结构认知

各大品牌对冷却系统的设计思路不同,结构也有所不同,但冷却系统的功能是一致的:维持整车各大系统处于一个合理的温度范围,尽可能地提高整车的能量利用率。

1) 冷却系统的主要部件及功能

(1)电动水泵。

电动水泵是冷却液循环的动力元件,电动水泵的作用是对冷却液加压,促使冷却液在冷却系统中循环,以带走系统散发的多余热量。

(2)散热器及电动风扇。

散热器的作用是增加散热面积,实现冷却系统与外界环境的热交换。风扇的作用是提高流经散热器、空调冷凝器的空气流速和流量,以增强它们的散热能力,并冷却前舱其他附件。

(3)冷却器。

冷却器也称为热交换器,可连接至电池冷却回路,可对电池包进行冷却或加热。

(4)膨胀水箱。

膨胀水箱一般采用PP材料,下端出水管通向水泵,上端为溢水管。膨胀水箱的作用是为冷却系统冷却液的排气、膨胀和收缩提供受压容积,缓冲冷却液热胀冷缩的体积变化,同时也作为新冷却液的加注口。

(5)冷却液。

冷却液又称防冻液,是由水、防冻添加剂及防止金属产生锈蚀的添加剂组成的液体。其作用是防结冰、防腐、防垢、防沸腾等。

图3-1-1所示是吉利电动汽车冷却系统结构示意图。

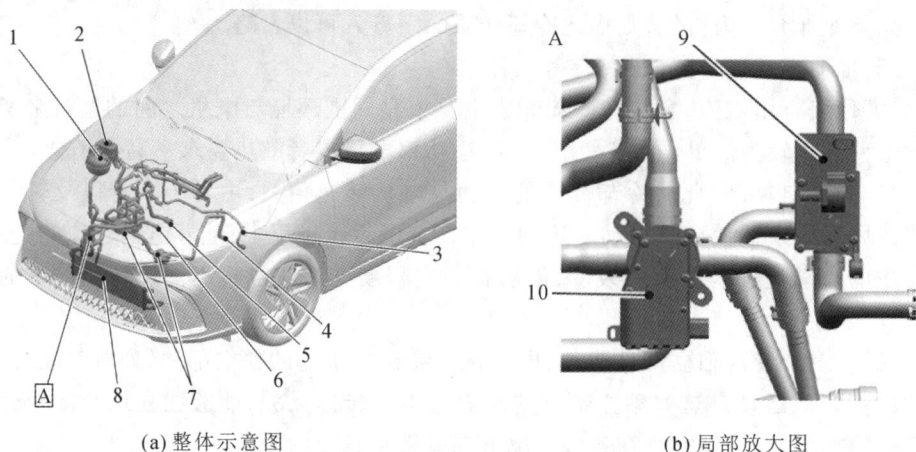

(a) 整体示意图 (b) 局部放大图

图 3-1-1 吉利电动汽车冷却系统结构

1—膨胀水箱1总成；2—膨胀水箱2总成；3—电池出水管；4—电池进水管；5—充电机出水口；
6—电加热三通电磁阀进水管；7—电动水泵；8—散热器；9—三通电磁阀总成；10—四通阀

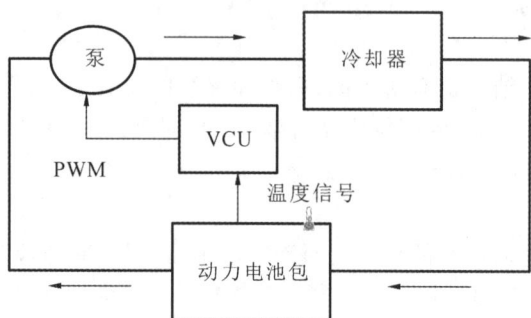

图 3-1-2 电池包冷却回路

2）冷却回路

（1）电池包冷却回路(冷却模式)。

吉利帝豪EV450电动汽车的电池包冷却回路如图3-1-2所示，电池包将温度信号送至整车控制器VCU，VCU依据控制逻辑通过脉冲宽度调制(pulse width modulation，PWM)信号对电动水泵转速进行控制，以驱动冷却液在管路中循环，为动力电池进行散热，还可以通过热交换管理模块及整车管路在适当的时候给动力电池加热。

电池冷却系统冷却液的流动路径：循环泵→冷却器→电池包→循环泵。

（2）电机冷却回路。

吉利帝豪EV450电动汽车的电机驱动系统通过冷却液循环对高低压充电系统、电机控制器、电机、散热器部件进行散热。冷却液流动路径(见图3-1-3)：电动水泵→车载充电机及DC/DC转换器→电机驱动系统→散热器→膨胀水箱→电动水泵。

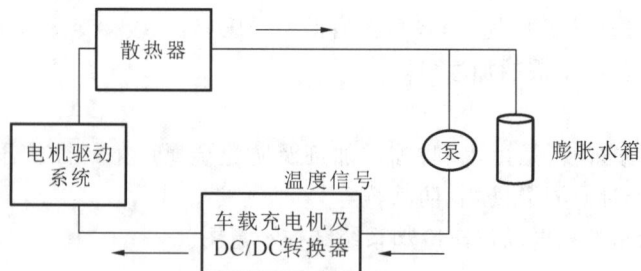

图 3-1-3 电机冷却回路

4.冷却系统冷却液循环控制方式

1）电机回路水泵

该水泵采用PWM控制,其运行策略如下:电驱系统有散热请求时水泵开启。该水泵通过PWM方式控制运转速度进行散热强度控制。

2）电池回路水泵

电池回路水泵与电机回路水泵一样,该水泵的功率为60 W,采用PWM控制,其运行策略如下:当电池有加热或制冷请求时水泵开启;当电池内部温差较大,需要热平衡时水泵开启。

3）暖风回路水泵

该水泵功率为20 W,采用100 Hz PWM定频控制,其主要控制策略如下:当有空调加热请求时水泵开启;当有电池加热请求时水泵开启;当同时有空调加热请求和电池加热请求时水泵开启;当打开左、右双温区时,水泵开启;在除雾模式下,若PTC热敏电阻需开启,则水泵开启。

4）PTC加热控制器

PTC加热控制器是一种使用PTC热敏电阻加热车辆冷却液的装置。PTC热敏电阻具有电阻值随着温度的升高呈阶跃性增高的特点。

这种装置的特点是其功率受水温影响较小。工作电压范围为350~450 V,采用LIN网络通信,空调控制器只需要发出功率请求信号给加热器,加热器就会按照指定功率请求进行工作。PTC加热控制器可以达到的最高水温为65 ℃。

吉利EV系列汽车冷却系统电气构架如图3-1-4所示。

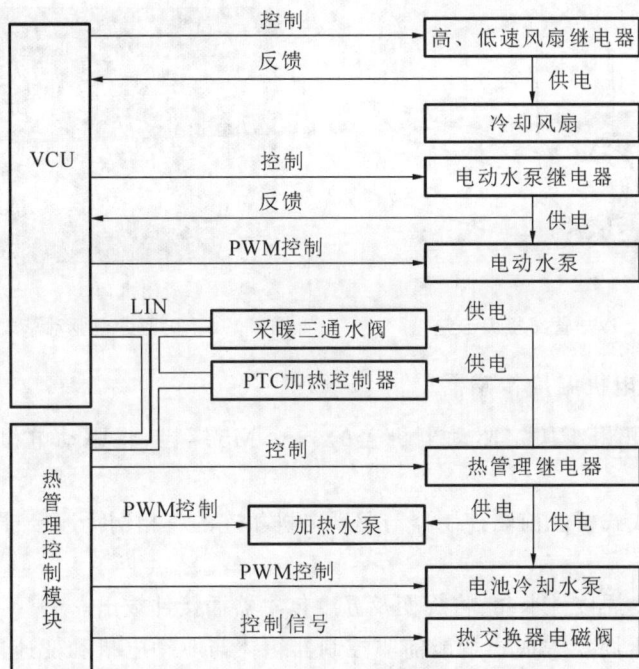

图3-1-4　吉利EV系列汽车冷却系统的电气构架

5.电机冷却控制原理

电机冷却强度是由VCU来控制的。VCU通过检测电机回路中某一器件的温度高低来判断是否进入电机冷却模式,同时通过控制电机回路水泵转速、电动风扇转速来调节电机的冷却强度。电机冷却系统的开启温度值:当电机温度高于75℃,IPU高于45℃,DC/DC转换器高于60℃,OBC高于50℃时,电机冷却系统开启,此时三通阀通向散热器位置。整个冷却回路为:电机回路水泵→电机系统→三通比例水阀→散热器/旁通→四通换向水阀→电机回路水泵。

【实践知识】

比亚迪E5轿车驱动电机冷却系统的拆装

1.排放冷却液

(1)上电让水泵运行约5 min,然后断电,重复2~3次。用手触摸,确认电机和膨胀水箱等已冷却,打开膨胀水箱盖。

(2)用卡箍拆卸工具拆除各管路接头处的卡箍,如图3-1-5所示。

(3)拆卸与散热器出水口连接的管路,排尽冷却液。将排出的冷却液存放于合适的容器内。

(4)在进水口用气枪将冷却管路内的冷却液从出水口排出,进出水口如图3-1-6所示。

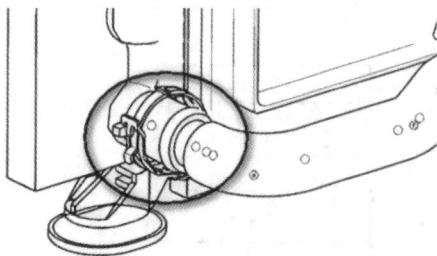

图3-1-5　冷却管路接口卡箍

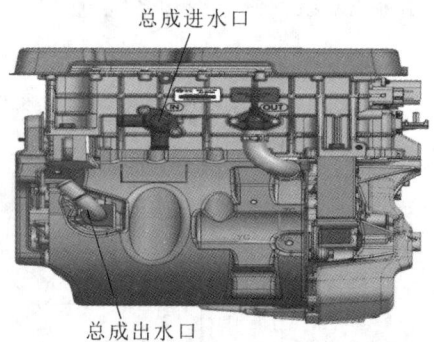

图3-1-6　比亚迪电驱动总成冷却管路接口

2.拆卸驱动电机温度传感器

(1)交错拧开用于固定驱动电机盖的14个M5螺栓,将驱动电机端盖从总成上拆开。

(2)断开集成式智能前驱控制器与驱动电机相连的三相铜排连接,即拧下用于连接的3个M6螺栓。

(3)按下旋变插接件卡扣,将旋变及温度传感器插接件拔出。

(4)拆开用于固定集成式智能前驱控制器箱体与驱动电机和变速器前箱体的6个M10螺栓,将控制器与电机和变速器分离,如图3-1-7所示。

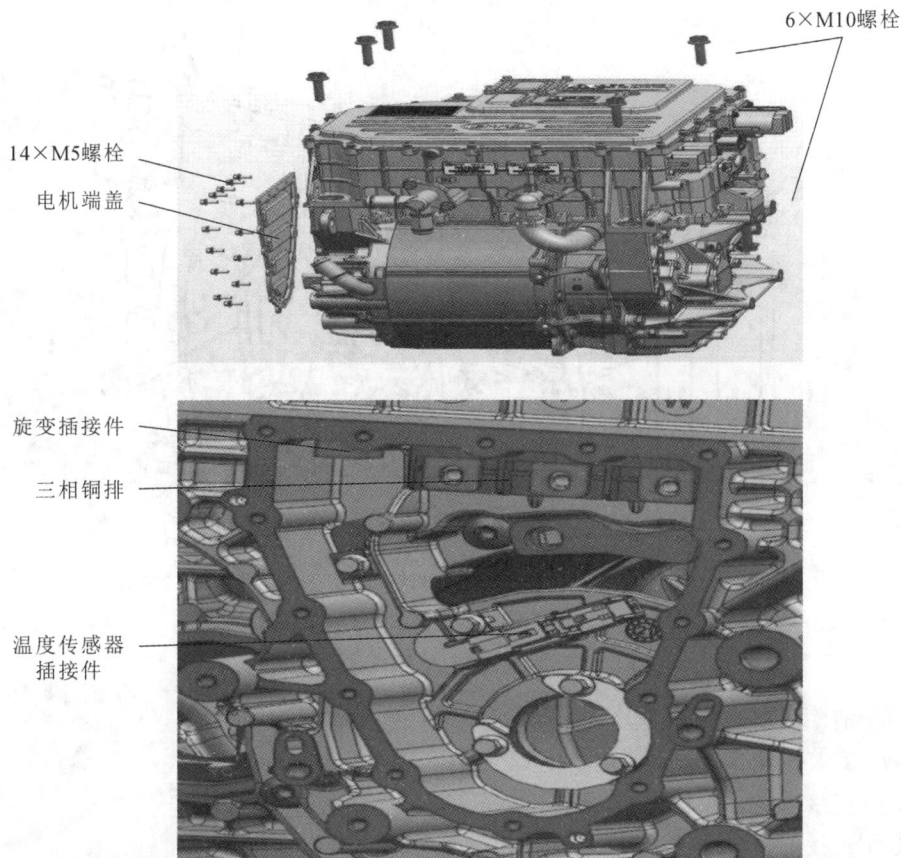

6×M10螺栓

14×M5螺栓

电机端盖

旋变插接件

三相铜排

温度传感器
插接件

图3-1-7 比亚迪电驱动总成温度传感器拆解

3. 散热器和电动风扇的更换

（1）排放冷却系统冷却液。

（2）拆除散热器上的软管与冷凝器固定螺栓。

（3）断开电动风扇开关插接器。

（4）拆除上安装支架,然后拉起散热器,如图3-1-8所示。

（5）拆除散热器上的电动风扇总成及其他部件。

（6）按与拆卸相反的顺序安装散热器,确认上、下减震垫安装就位且牢固。

（7）给冷却系统注入冷却液,排放冷却系统中的空气。

4. 电动水泵的更换

（1）先使用卡箍拆卸工具拆卸管路接口处的卡箍,拆卸与散热器出水口连接的管路,排空冷却液。

（2）断开线束与电动水泵连接的插接件,如图3-1-8所示。

（3）先使用卡箍拆卸工具拆卸管路接口处的卡箍,拆卸电动水泵进出水软管。

（4）拆下紧固电动水泵的螺栓。

（5）检查、清洁电动水泵。

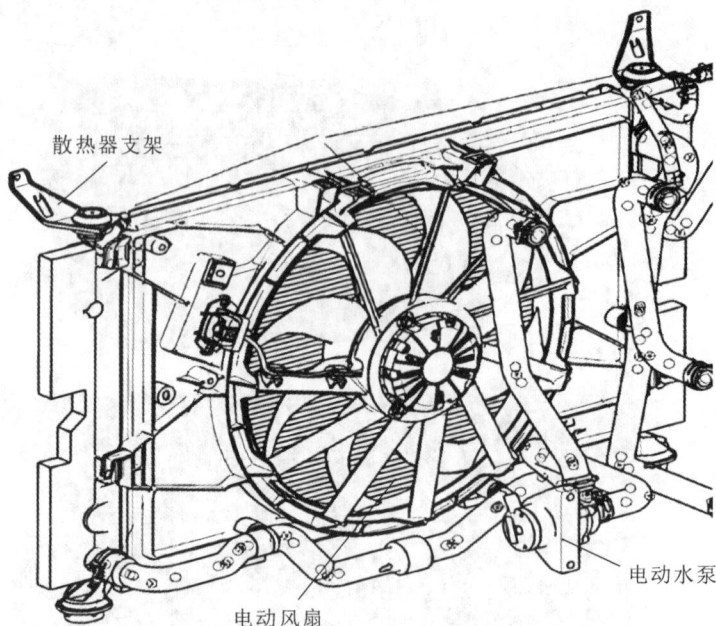

图 3-1-8 电动风扇、散热器及电动水泵

（6）清除溢出的冷却液。

（7）安装电动水泵。

（8）连接电动水泵进出水软管。

（9）连接电动水泵插接件，装配连接软管与散热器出水口。

（10）给膨胀水箱重新注入冷却液，上电启动电动水泵，排放冷却系统中的空气。

5. 冷却液加注

（1）将冷却系统管路装配完好，将比亚迪公司指定的冷却液倒入膨胀水箱，直至达到注入口颈部的底端为止。

（2）盖上膨胀水箱盖，并拧紧，上电让电动水泵运转约 5 min，然后断电。

（3）再次打开膨胀水箱盖，将比亚迪公司指定的冷却液注入膨胀水箱内，直至液面达到膨胀水箱上限（MAX）标记处。

（4）盖上膨胀水箱盖并拧紧，上电让电动水泵运转约 5 min，然后断电。

（5）重复（2）～（4）步骤，直至冷却液稳定在膨胀水箱上限（MAX）标记处。

（6）盖上膨胀水箱盖并旋至最终停止位，彻底拧紧。

【知识拓展】

新能源汽车热管理的发展趋势

新能源汽车的高速发展，使得整车热管理系统的重要性日益显著。在国家"双碳"目标的引导下，整车全生命周期减碳将成为优化目标，其中由使用阶段的真实能耗值决定的碳排放成为关注重点。热管理系统的效率将直接影响到客户在使用电动车时的能耗水平。从法规角度,国家标准《轻型汽车能源消耗量标识 第2部分:可外接充电式混合动力电动汽车和纯电动汽车》(GB 22757.2—2023)也助推高效率热管理系统的技术优化和方案落地,以提升车辆在极端温度条件下的续航能力和实际能耗表现,并考虑将高效热管理系统的相关技术纳入非循环技术范畴,这一措施预计将在未来的乘用车企业平均燃料消耗量的核算中得到体现。从整车设计角度,如何不断优化续航能力和乘客舒适性体验,也是各大主机厂的努力方向之一。

三电系统对精细化温度控制的要求,司乘人员对舒适性不断提高的需求,以及消费者对续航能力提升的迫切要求,成为新能源汽车整车热管理系统提升的三大驱动力。

从燃油车到新能源汽车,热管理系统由机械力驱动转向由电力驱动,并逐步升级到带有余热回收的高效率热管理系统,多样化的工况需求,新增了繁多的、控制精度要求更高的零部件,以及更加复杂的管路系统和插接件线束。系统内需要冷却的部件增加,系统复杂度逐步增大,这些对热效率、系统控制精度和空间布置提出了越来越高的要求。

热管理系统方案逐步呈现出高效化、精细化、集成化的趋势。

1) 系统高效化

在"双碳"政策下,系统能耗成为整车热管理系统的重要衡量指标。通过合理的系统设计,高效的"热量搬运工"可以带来显著的能效提升,新能源汽车的冬季续航里程增加约20%。

2) 控制精细化

新能源汽车对热管理系统精准度要求大幅提高。动力电池热管理需要做到对温度的稳定精确控制,同时随着新能源汽车电机功率密度的提升及智能化程度的提高,半导体器件的功耗逐渐增加,电驱及电子器件热管理系统的精准度要求也越来越高。

相较于燃油车,新能源汽车更加注重用户体验。千人千面的需求对热管理系统提出了极高的要求。针对多样化的用户使用场景,我们需细致梳理用户的具体需求,并精确评估车辆的能量流转。唯有借助"最强大脑"——高度精细化的系统控制,方能充分释放系统作为"热量搬运工"的最大潜力。

3) 模块集成化

新能源汽车的热管理系统相比传统汽车产生了根本性的改变,它对温度控制和能源消耗提出了更为精细的标准,这使得新能源汽车的热管理系统不仅结构更为复杂,而且控制系统也更加集成化。同时随着热管理系统的复杂化,系统的接头、管路和线束大幅增加,零部件的集成化成为不可逆转的市场趋势。通过精心设计的管路布局和排布策略,我们能够最大限度地减小压降和换热损失,从而提高系统的整体效率。此外,采用集中式布局不仅使热管理系统更加集成化,还便于不同车型之间的通用性和标准化设计。结合集成式控制器的使用,我们还能进一步优化整车的线束布局和电子芯片配置,实现更高效、更精简的系统解决方案。新能源汽车集成化前后对比如图3-1-9所示。

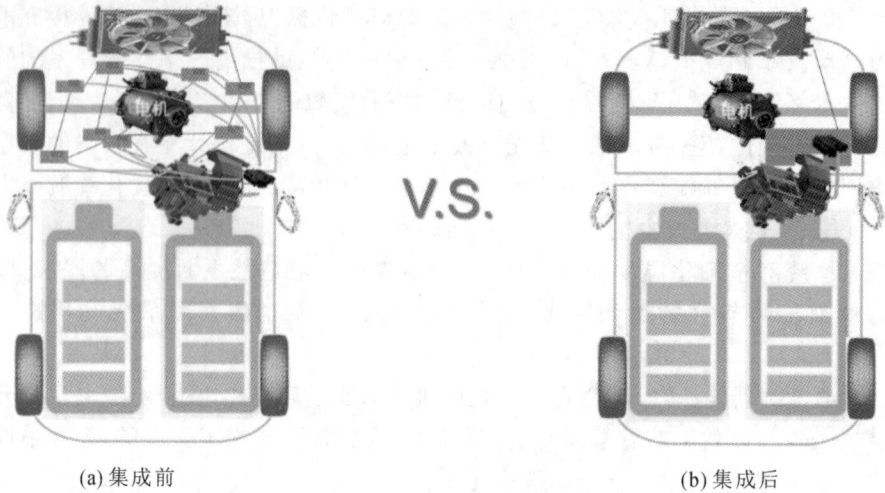

(a) 集成前　　　　　　　　　　　　　　　(b) 集成后

图 3-1-9　集成化前后对比

【学习小结】

通过本任务的学习,你学会了什么呢?

本学习任务介绍了驱动电机热量来源、电机冷却方式、冷却系统结构及工作原理、冷却系统冷却液循环控制方式等理论知识。实践部分列述了驱动电机冷却系统的拆装步骤。

思考与练习

一、选择题(单选)

1. 下列部件不是比亚迪 E5 轿车电驱冷却系统组件的是(　　)。

A. 散热器　　　　　B. 电动水泵　　　　　C. 电动风扇　　　　　D. 深冷器

2. (　　)的功用是对冷却液加压,保证其在冷却系统中循环流动。

A. 散热器　　　　　B. 电动水泵　　　　　C. 电动风扇　　　　　D. 深冷器

3. (　　)用来提高通过散热器芯的空气流速,增强散热器的散热能力,加速冷却液的冷却。

A. 散热器　　　　　B. 电动水泵　　　　　C. 电动风扇　　　　　D. 深冷器

二、判断题

1. 比亚迪 E5 轿车电驱冷却系统(四合一平台)位于车辆前机舱内。　　　　　　(　　)

2. 2018 款比亚迪 E5 轿车电驱冷却系统(四合一平台)的电动水泵由主控制器控制它的工作。　　　　　　　　　　　　　　　　　　　　　　　　　　　　　　(　　)

3. 电动水泵是整个冷却系统唯一的动力元件,负责为冷却液的循环提供动力。(　　)

4. 电动风扇的转速与冷却液的温度没有关系。　　　　　　　　　　　　　　(　　)

5. 2018 款比亚迪 E5 轿车电动风扇的工作由整车控制器控制。　　　　　　(　　)

【任务工单3.1】 新能源汽车驱动电机冷却系统拆装

任务名称	新能源汽车驱动电机冷却系统拆装	学时	2学时	班级	
姓名		学号		成绩	

任务描述	现有一辆比亚迪E5轿车,仪表提示驱动电机温度异常 , 功率受限,无法加速,初步判断是电机冷却系统故障,需要对冷却系统进行检测,在检测之前,我们需要做哪些准备工作呢?
任务目的	根据任务要求,安全、规范地排查电机冷却系统。

车辆信息描述	VIN码		车辆行驶里程	
	驱动电机型号		驱动电机编号	

任务实施过程记录

一、资讯

在进行具体工作前,需要掌握驱动电机冷却系统的相关知识,请查阅相关资料回答下列问题:

(1)电机产生热量的来源有_____和_____。

(2)冷却系统的主要部件有_____、_____及电动风扇、冷却器、膨胀水箱、冷却液等。

(3)驱动电机冷却方式有_____、_____和_____等三种。

(4)电机冷却强度控制是由_____来控制的。

(5)PTC加热控制器是一种使用_____加热车辆冷却液的装置。

二、决策与计划

请根据任务要求,确定所需要的检测仪器、工具,并对小组成员进行合理分工,制订详细的诊断和修复计划。

1.实训要求

(1)了解并遵守实训室的安全规定,规范使用设备,确保自己和其他人员的安全。

(2)操作过程中应选择合适的工具并规范使用。

(3)明确操作流程,并按照标准化的操作流程进行作业。

(4)与任课老师积极交流,与同学协调配合,营造和谐的课堂气氛。

(5)遵守6S管理制度,实操完毕后对工具和设备进行整理和清洁。

(6)操作过程中产生废弃物料时,须按照环保要求进行分类和处理。

2.设备、工具及耗材

序号	设备与资料	工具及数量	耗材

3.小组成员分工

以3~5人为一组,选出组长并进行任务分工,将小组成员分工情况填入下表。

小组成员	姓名	任务分工
组长		
组员		

4.工作计划

序号	作业项目	操作要点

三、实施

1.仪器检查

请按照规范依次检查仪器,并将检查方法与检查结果填写在下表中。

序号	检查仪器名称	检查方法	是否正常
1	绝缘手套	检查有无裂缝、损坏	是□　否□
2	举升机		是□　否□
3	故障诊断仪		是□　否□
4	钳形电流表		是□　否□
5	万用表		是□　否□
6	绝缘表		是□　否□
7	绝缘垫		是□　否□

2.操作准备

请将操作前准备内容填入下表。

准备内容	操作内容及步骤	其他说明
穿好防护装备		
车辆防护		
车辆高压断电		
举升车辆		
放下车辆		

3.拆解冷却系统

查找冷却系统部件位置并说明其功能,简述拆解注意事项,请将相关内容填入下表。

拆卸内容	安装位置及功能	拆解的注意事项
散热器		
冷却风扇		
冷却管路		
膨胀水箱		
膨胀水箱盖		
冷却液循环电机		
冷却液		
熔断丝盒		

4.驱动电机气密性检查

操作内容	安装位置及操作标准	拆解及操作的注意事项
拆卸电驱动总成排气阀		
安装气密工具,封堵排气阀及线束插接器,保留一个排气阀		
将漏气检测仪连接至保留的排气阀上		
检查驱动电机气密性	向电驱动总成充气至20 kPa,等待30 s检查气压,要求气压泄漏量不大于40 Pa	

四、考核评价

考核评价表

考评项目	考评内容	配分	评分		
			自评	互评	师评
职业素养 （40分）	考勤、着装	6			
	安全意识	8			
	责任、服务意识	8			
	团队意识	5			
	组织纪律	5			
	环境卫生	8			
技能操作 （60分）	操作规范	12			
	表达熟练程度	12			
	资料查找	12			
	资料整理	12			
	任务完成情况	12			
合计		100			
总评	自评（30%）+互评（30%）+师评（40%）		综合成绩：		

五、任务小结

请简述实训过程中存在的问题点及改进建议。

学习任务 2 新能源汽车驱动电机冷却系统检修

【任务描述】

现有一辆比亚迪 E5,仪表提示驱动电机温度异常▇▇▇,功率受限,无法加速,初步判断是电机冷却系统故障,需要对冷却系统进行检测。如何按照规范流程对该车冷却系统进行检测呢?

【理论知识】

1.电机冷却系统常见故障

驱动电机发热原因较多,主要由以下因素造成。

(1)负载过大:此时需减轻负载。

(2)电机扫膛:此时需检查气隙及转轴、轴承是否正常。

(3)电机绕组故障:此时需检查绕组是否有接地、短路等故障,若有,则给予排除。

(4)电源电压过高、过低或三相不平衡:此时需检查电源调整电压值,使其符合要求。

(5)驱动电机冷却系统故障:此时需检修冷却系统。

第(4)条所列原因在其他学习任务中已有阐述,本任务不再赘述,此处主要解决冷却系统相关问题。冷却系统常见故障现象及故障原因见表3-2-1。

表3-2-1 冷却系统常见故障现象及故障原因分析

现象	故障原因	建议措施
冷却液泄漏	1.冷却液软管卡箍松动或软管破裂	检查冷却液管路,更换损坏部件
	2.电动水泵密封不良	更换电动水泵密封圈
	3.散热器总成破裂	检修散热器总成,必要时更换
	4.膨胀水箱破裂	更换膨胀水箱
	5.电机控制器破裂	更换电机控制器
	6.驱动电机破裂	更换驱动电机
电动水泵不工作	1.电动水泵熔断丝熔断	更换相同规格熔断丝
	2.电动水泵继电器损坏	更换电动水泵继电器
	3.电动水泵线束连接故障	检修电动水泵线束
	4.电动水泵故障	更换电动水泵
	5.整车控制器故障	更换整车控制器

续表

现象	故障原因	建议措施
电动风扇不工作	1.电动风扇熔断丝熔断	更换相同规格熔断丝
	2.电动风扇继电器损坏	更换电动风扇继电器
	3.电动风扇线束连接故障	检修电动风扇线束
	4.电动风扇故障	更换电动风扇
	5.整车控制器故障	更换整车控制器

2.检修注意事项

（1）为避免被烫伤,在车辆未冷却前,不得拆下散热器盖或缓冲罐盖。如果在车辆和散热器仍未冷却时拆下散热器盖或缓冲罐盖,冷却系统会在压力作用下释放出滚烫的液体和蒸汽,造成人员受伤。在接触高压部件时,操作人员必须严格遵守高压下电操作流程,穿戴个人防护用品,在确保安全的情况下进行作业。

（2）拆卸冷却系统中任何零部件之前,请先确认冷却液是否冷却到可以触摸的温度。

（3）在任何情况下都不能使用含酒精或甲醛的液体作为冷却液,那样会损坏冷却系统。

（4）冷却液必须使用软化水或蒸馏水进行配制。冷却液为乙二醇与水以一定比例配制的混合物,是有毒液体,必须使之远离小孩或宠物。如果没有重复利用的话,废弃流程应该遵循当地政府颁布的相关条例。

（5）严禁只用水来当冷却液。只用水来做冷却液可能会对电机控制器的冷却水道造成腐蚀性的伤害,或因水结冰膨胀而造成零部件损坏。长期的腐蚀性伤害可能造成电机控制系统内部冷却液的泄漏。

3.冷却系统一般检查

1)检查冷却系统压力

（1）膨胀水箱盖的压力测试。

① 拆下膨胀水箱盖（A）,用冷却液湿润其密封圈,然后将它装在压力测试仪（B）上。使用配合工具（C）安装膨胀水箱盖,如图3-2-1所示。

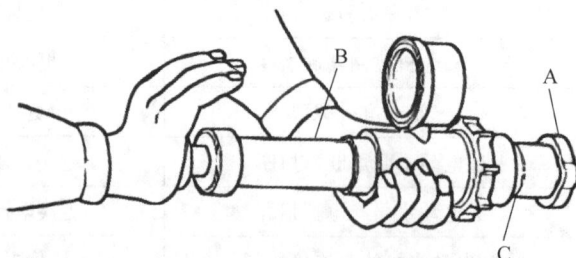

图3-2-1 膨胀水箱盖压力测试

② 施加15～45 kPa的压强（具体数值参见各车型技术资料）。

③ 检查压力是否下降。

④ 如果压力降低,则更换膨胀水箱盖。

(2)膨胀水箱的测试。

① 动力总成冷却以后,小心地拆下膨胀水箱盖,给膨胀水箱注入冷却液,直至膨胀水箱上限（MAX)标记处,如图3-2-2所示。

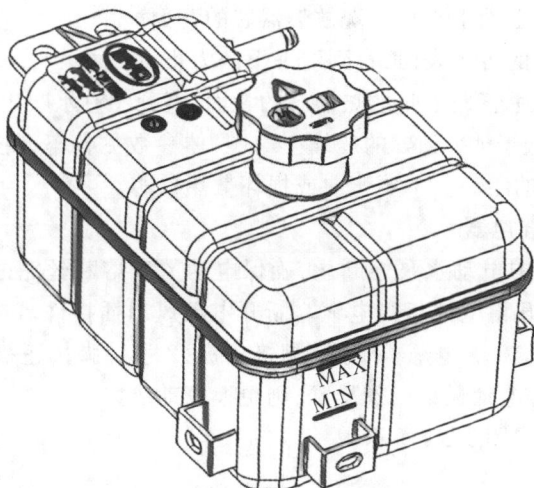

图3-2-2 膨胀水箱

② 将压力测试仪装在膨胀水箱上。使用配合工具连接压力测试仪。

③ 施加15～45 kPa的压强。

④ 检查冷却液是否泄漏及压力是否下降。如果压力值下降说明膨胀水箱存在泄漏,如果压力能保持说明膨胀水箱完好。提示:如果压力下降,则检查软管、散热器总成、冷却水泵、驱动电机及电机控制器等各个部件的管路接头部分是否渗漏。

⑤ 拆除测试仪,然后重新安装膨胀水箱盖。

2）检查冷却液品质

排放少许冷却液到容器内,检查排放出的冷却液有无水垢、铁锈、杂质或变色（正常冷却液为浅绿色或粉红色),如有则更换冷却液。使用冰点测试仪测量冷却液冰点是否符合技术规范,见图3-2-3,如不符合,则更换冷却液。

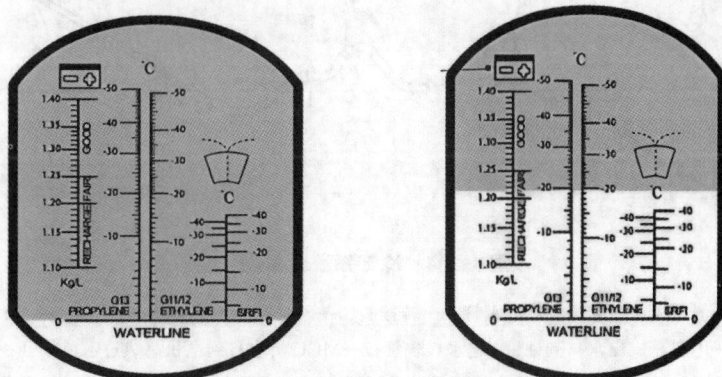

(a)校准后显示　　　　　　　　(b)冰点为−20 ℃显示

图3-2-3 冰点测试仪校准与读数

3）检查冷却管路

目视检查冷却管路是否出现裂纹、老化等现象,如有则更换冷却管路。

4）检查散热器

检查散热器中是否有泥浆或堵塞,如有可按以下步骤清理。

① 使用软水管从上而下垂直清洗散热器芯的背面。

② 清洗散热器芯的各个表面,直到清理干净为止。

③ 使用压缩空气垂直向下吹散热器芯的背面,直到没有水吹出为止。

注意:使用气压低于 490 kPa 的压缩空气(具体参数见各车型技术文件),并与散热器芯保持 30 cm 以上的距离。不要弯曲或损坏散热器芯。

5）检查熔断丝、继电器

检查前舱电器盒中电动水泵熔断丝,确保电动风扇熔断丝完好。检查电动风扇电源置于 OFF 状态,断开蓄电池负极电缆。断开电动风扇插接件。在电动风扇两端使用带熔断丝的跨接线接 12 V 电源(1 号针脚接负极,2 号针脚接正极),观察电动风扇是否正常工作。提示:若电动风扇工作异常,则更换电动风扇。

冷却系统分解图如图 3-2-4 所示。

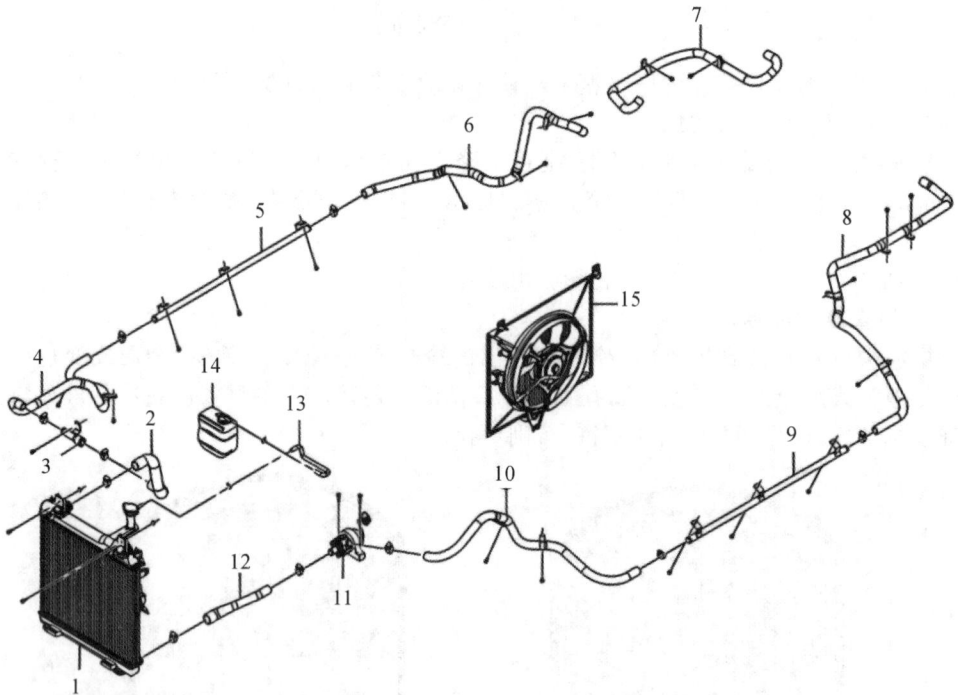

图 3-2-4　冷却系统分解图

1—散热器总成;2—散热水箱进水管;3—转接头;4—硬管 1 出水口到转接头软管;5—硬管 1;
6—电机总成出水口到硬管 1 进水口软管;7—MCU 出水口到电机总成进水口软管;
8—硬管 2 出水口到 MCU 进水口软管;9—硬管 2;10—水泵出水口到硬管 2 进水口软管;
11—冷却水泵总成;12—散热水箱出水管到水泵进水口软管;13—膨胀水箱到散热器水箱管路;
14—膨胀水箱;15—电动风扇总成

6）比亚迪E5驱动电机温度传感器拆卸

当温度传感器处出现问题时，需要对温度传感器进行拆卸维修。在拆分过程中，请注意保护好所有零部件，防止零部件被意外损坏。

①用扳手将M6×10六角头螺栓1扭下来（见图3-2-5）。

②将温度传感器2取出来，使用斜口钳将温度传感器中间部分取下。

③取新的温度传感器连上旋变引线端插件，在温度传感器装配面涂上一层润滑油，箱体配合孔也涂上一层润滑油。再将温度传感器插入后箱体配合孔内。最后将M6×10六角头螺栓1扭上，扭力矩为12 N•m。

7）比亚迪E5驱动电机冷却系统密封环拆卸与安装

（1）拆卸。

在拆卸密封环之前要确保电机水道内冷却液排放干净。

将电机旋变插接件端朝下平放，给进水管道通上气压，而将出水管道堵塞密封。利用气压将O型密封圈3、4压出后箱体（见图3-2-6）。

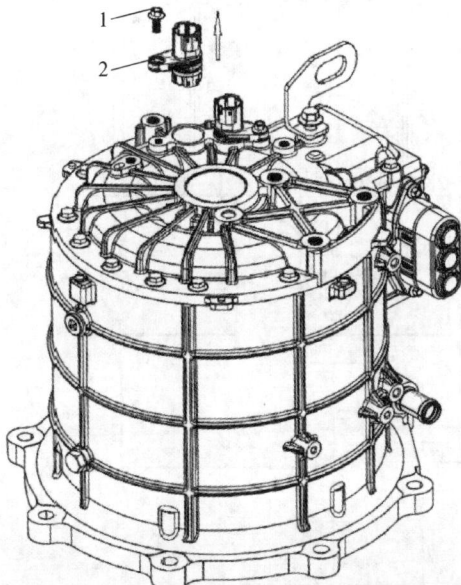

图3-2-5　比亚迪E5驱动电机温度传感器
拆卸与维修

1—六角头螺栓；2—温度传感器

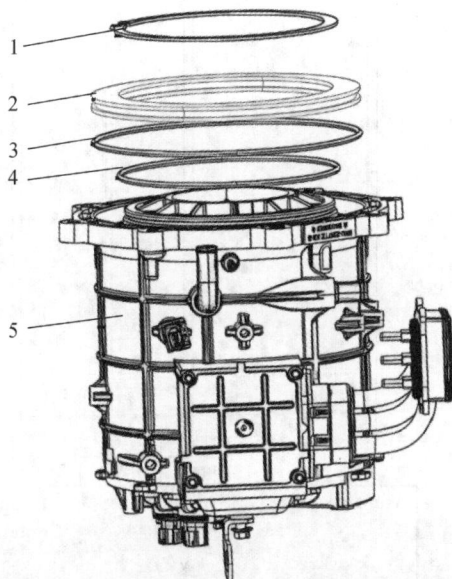

图3-2-6　比亚迪E5驱动电机冷却系统密封环
拆卸与安装

1—卡簧；2—密封环；3,4—O型密封圈；5—电机外壳

（2）维修与安装。

维修或更换O型密封圈或水道筋。对维修好的O型密封圈或水道筋涂抹润滑油，将其安装到位。安装完毕后进行水压密封性测验。

8）电动风扇的检查

图3-2-7为吉利EV电动风扇控制系统原理，若电动风扇不工作，按以下流程进行检查：

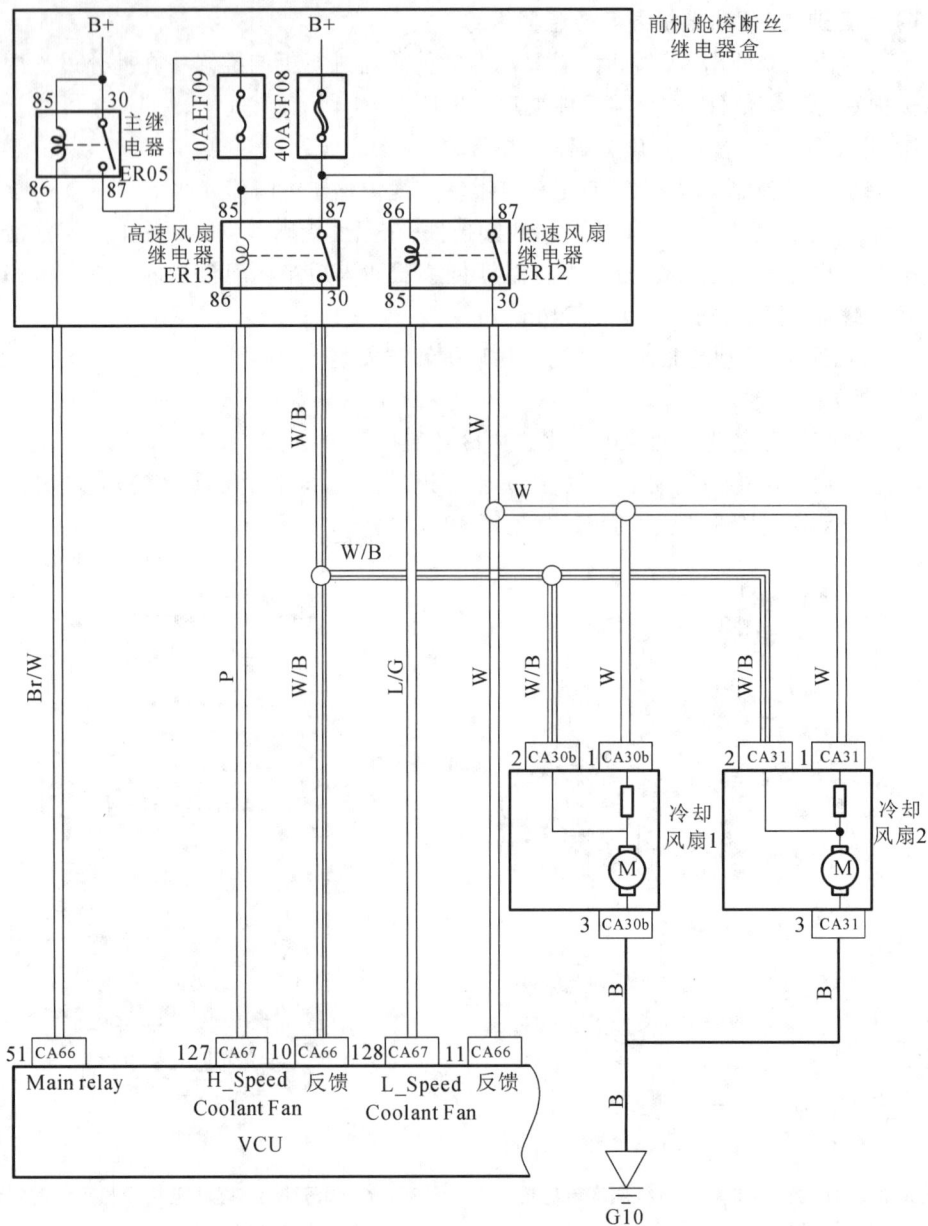

图 3-2-7 吉利 EV 电动风扇控制系统原理

（1）在钥匙处于 ON 状态下，不拔下熔断丝，使用万用表测量熔断丝 EF09、SF08 两端对地电压，正常值应为蓄电池电压。若测得值有较大偏差，进一步检查 EF09、SF08 熔断丝是否完好，以及上端电路是否正常导通。

（2）若 EF09、SF08 熔断丝正常，可用故障诊断仪元件测试功能进行继电器测试。在钥匙处于 ON 状态下分别对 ER12、ER13 进行测试。若能听到继电器工作的"啪嗒"声，则对应冷却风扇 1、冷却风扇 2 进入工作状态。若未听到继电器工作的"啪嗒"声，则进行继电器及控制线测试。在断开蓄电池负极的状态下测试控制线 CA67_127 至

ER13_86之间电阻值,正常值应该不大于5Ω;若异常,则修理控制电路电阻过大的故障。拔下继电器,测量端子85与86之间阻值,正常应该为85Ω左右,若偏差过大,则更换此继电器。85至30/87端子之间电阻应为无穷大。30、87两端子在不通电状态下,其电阻值应为无穷大,在通电状态下其电阻应接近于0Ω;若异常则更换继电器。

（3）在断开蓄电池负极状态下,测试ER13_30端子至冷却风扇1 CA30b_2端子、冷却风扇2 CA31_2端子之间电阻,正常不大于2Ω;若异常,则排查以上线路电阻过大的故障原因。测试ER12_30端子至冷却风扇1 CA30b_1,冷却风扇2 CA31_1端子之间电阻,正常应不大于2Ω;若异常,则排查以上线路电阻过大的故障原因。

（4）断电状态下,断开冷却风扇插接器,测量CA30b_2.3与CA31_2.3端子之间电阻,正常应不大于2Ω;若异常,则更换冷却风扇总成。

9）冷却剂温度传感器的检查

冷却剂温度传感器是双导线传感器,穿进电机冷却剂套,与电机冷却剂直接接触,冷却剂温度传感器包含热敏电阻,为控制器提供电机冷却剂温度读数。

控制器为冷却剂温度传感器提供5 V信号电压,低温条件下,传感器提供大电阻,控制器会将其视为高信号电压,随着电机温度上升,传感器的电阻变低,信号电压下降,冷却剂温度传感器的阻值表见表3-2-2。

表3-2-2　冷却剂温度传感器的阻值表（数据为近似值,具体车型数据参照各车型技术资料）

温度/℃	温度传感器阻值/Ω
100	177
70	465
40	1459
20	3520
5	7280
−5	12300
−20	28680
−40	100700

电路测试:在钥匙关闭情况下,断开温度传感器一端的插接器,进行以下测试。

（1）在钥匙处于ON状态下,测试温度传感器供电电路电压值是否正常,即温度传感器B端对地电压是否等于5 V,若测量值明显小于5 V,则修理该电路中开路或电阻过大的故障。

（2）在钥匙处于OFF状态下,测量温度传感器A端对地电阻值,该值应该小于2Ω,若显著大于该值,则修理该电路中开路或电阻过大故障。

在不同温度点测量温度传感器A、B两端电阻值,测量值应与表格所列值相差不大,若差异过大则更换温度传感器。

10）气密性检测

前驱控制器装配完成后,必须进行水道气密性检查。

总成壳体气密性检测方法:通过总成通气阀平缓加入压力≥25 kPa的压缩空气,充气时间为26 s,平衡8 s,检测6 s内空气泄漏量,压降小于50 Pa为合格。电机驱动器通气阀位置如图3-2-8所示。

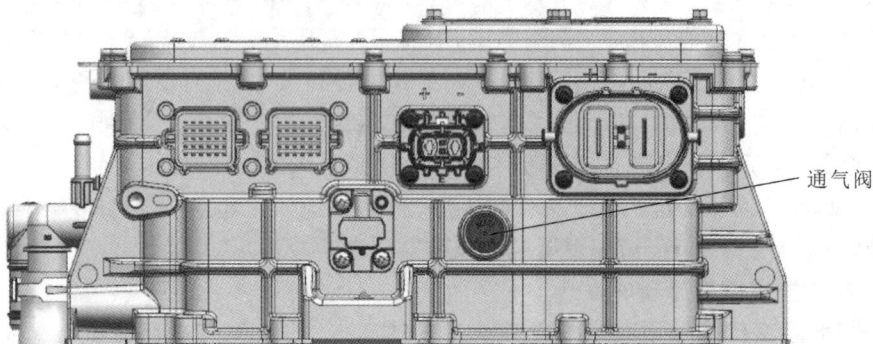

通气阀

图3-2-8　电机驱动器通气阀位置

总成水道气密性的检测方法:堵住电机出水口,向电控入水口内平缓加入压力≥200 kPa压缩空气,充气时间30 s后,检测6 s内空气泄漏量,压降小于200 Pa为合格。

4.比亚迪纯电动汽车电机温度高故障代码处理流程

1）P1BB298 前驱动电机严重过温告警

（1）检查整车冷却系统是否异常,电动风扇、电动水泵是否正常工作,冷却液加注是否到位,冷却液是否正常循环。

（2）如冷却系统无故障,将车辆静置2 h后开至空旷场地正常行驶10 min左右;若故障重现,待整车冷却至常温后拆除电机控制器与驱动电机铜排连接处端盖,测量电机绕组温度传感器阻值是否在正常范围内。

（3）若阻值不在正常范围内,且插接件连接无异常,则更换集成式智能前驱总成。

2）P1D9B00 水温传感器故障

（1）检查电机水温传感器低压线束是否有退针、断线等异常现象。

（2）如低压线束及插接件均无异常,则更换集成式智能前驱总成。

3）P1D9C00 水温过高

（1）将车辆静置2 h后观察故障是否恢复,若无法恢复,继续下述步骤。

（2）检查高压冷却系统是否异常,冷却水管是否有弯折,电动风扇、电动水泵是否正常工作,冷却液加注是否到位,冷却液是否正常循环。

（3）确认冷却系统无异常后,更换集成式智能前驱控制器。

【实践知识】

比亚迪E5冷却水泵控制线故障

1）故障现象

一辆比亚迪E5纯电动汽车仪表显示电机驱动总成温度过高,整车被限制功率行驶。

2）故障分析

造成驱动电机温度异常升高可能是电机冷却系统故障,也可能是电机及控制器自身故障。

3）故障诊断

电机及控制器出现故障的概率相对较低,而且检查起来也较为复杂。按照由简到繁的原则先排除电机冷却系统故障。

（1）检查冷却系统部件,包括冷却液是否缺失;管路是否弯折、破损,接口是否渗漏等;散热器是否变形及脏污;电动风扇及控制电路是否正常;电动水泵及控制电路是否正常。

（2）经初步检查,确认冷却液充足;管路正常;电动风扇及控制电路无异常,可正常驱动风扇;水温传感器数据正常;驱动水泵运行时,水泵无响应。需对电动水泵及控制电路做进一步测试。

（3）电动水泵控制逻辑如图3-2-9所示。

整车控制器VCU收集电机冷却液温度信号,但温度到达设定值时VCU以占空比方式控制冷却水泵运转,温度越高占空比越高,水泵运转速度越快,冷却强度随之提升。

（4）按照水泵控制逻辑进行数据测试,如表3-2-3所示。

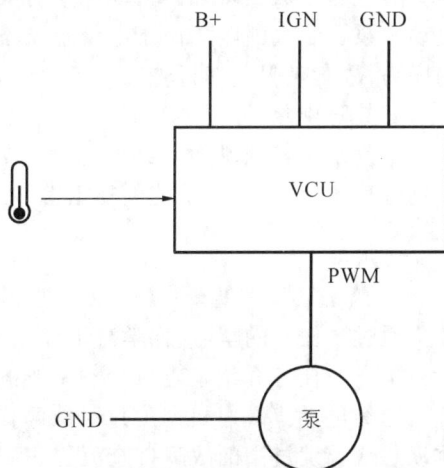

图3-2-9　电动水泵控制逻辑

表3-2-3　测试数据列表

序号	测试对象	测试工具	测试数据	测试条件	结果
1	VCU B+	万用表	直流电压	蓄电池正极连接正常	√
2	VCU IGN	万用表	直流电压	KEY ON	√
3	VCU GND	万用表	对地电阻	断开蓄电池负极后再开VCU插接器	√
4	VCU PWM 输出	示波器	方波	车辆运行且温度到达正常工作温度	×
5	泵 PWM 输入	示波器	方波	车辆运行且温度到达正常工作温度	×
6	泵 GND	万用表	对地电阻	KEY OFF,断开泵插接器	×
7	泵内阻	万用表	内阻	KEY OFF,断开泵插接器	×

因VCU出现故障的概率较小,按照由简到繁的原则先进行电动水泵相关的数据测试,如表3-2-4所示。

表 3-2-4　电动水泵相关的测试数据列表

序号	测试对象	测试工具	测试数据	测试条件	测试结果	理论值	结论
4	VCU PWM 输出	示波器	方波	车辆运行且温度到达正常工作温度	方波	方波	√
5	泵 PWM 输入	示波器	方波	车辆运行且温度到达正常工作温度	无波形	方波	×
6	泵 GND	万用表	对地电阻	KEY OFF,断开泵插接器	小于 1 Ω	小于 2 Ω	√
7	泵内阻	万用表	内阻	KEY OFF,断开泵插接器	159.2 kΩ	160 kΩ	√

通过测试数据可知,VCU 对电动水泵的控制有输出信号,但泵端无输入信号,说明电动水泵控制线断路。由于电动水泵不能正常运行,影响到水循环,造成电机驱动总成温度高,故车辆限功率行驶。

4)故障排除

修复水泵输入端控制线断路故障后,电动水泵正常运行,电机系统过热提示消除,车辆限功率行驶解除,系统恢复正常。

【学习小结】

通过本任务的学习,你学会了什么呢?

本学习任务介绍了电机冷却系统的常见故障、冷却系统检修注意事项及一般检查、比亚迪纯电动汽车电机温度过高故障代码处理流程等理论知识。实践部分学习了电机驱动总成温度过高的故障排查流程。

思考与练习

一、选择题(单选)

1.（　　）实质上是一个热交换器,它通过冷却液在散热器芯内的流动,使冷空气带走冷却液散发到空气中的热量。

A.散热器　　　　B.电动水泵　　　　C.电动风扇　　　　D.深冷器

2.2019 款比亚迪 E5 的电驱冷却系统的电动风扇的工作是通过（　　）的控制实现无级调速的。

A.整车控制器　　B.空调控制器　　C.主控制器　　　D.无级调速模块

3.2019 款比亚迪 E5 电驱冷却系统(三合一平台)的无级风扇是由（　　）控制的。

A.电机控制器　　B.空调控制器　　C.整车控制器　　D.主控制器

二、判断题

1.比亚迪 E5 的电驱冷却系统采用水冷方式进行冷却。　　　　　　　　　　（　　）

2.比亚迪 E5 电驱冷却系统(三合一平台)与四合一平台电驱冷却系统都是强制循环式冷却系统。　　　　　　　　　　　　　　　　　　　　　　　　　　　　（　　）

3.电驱冷却系统储液罐内的冷却液可以高出最高液位很多。　　　　　　（　　）

4.冰点检测仪使用前不需要校准。　　　　　　　　　　　　　　　　　　　（　　）

【任务工单 3.2】 新能源汽车驱动电机冷却系统检修

任务名称	新能源汽车驱动电机冷却系统检修	学时	4学时	班级	
姓名		学号		成绩	
任务描述	现有一辆比亚迪E5轿车,仪表提示驱动电机温度异常███,功率受限,无法加速,初步判断是电机冷却系统故障,需要对冷却系统进行检测,如何按照规范流程对冷却系统进行检测呢?				
任务目的	根据任务要求,安全、规范地排查驱动电机冷却系统。				
车辆信息描述	VIN码		车辆行驶里程		
	驱动电机型号		驱动电机编号		

任务实施过程记录

一、资讯

在进行具体工作前,需要掌握驱动电机冷却系统的相关知识,请查阅相关资料回答下列问题:

(1)驱动电机发热原因较多,主要由_____、_____、_____、_____和_____等因素造成。

(2)冷却系统常见故障现象有_____、_____和_____三种。

(3)拆卸冷却系统中任何零部件之前,请先确认冷却液是否冷却到可以_____的温度。

(4)_____是双导线传感器,穿进电机冷却剂套,与电机冷却剂直接接触,为控制器提供电机冷却剂温度的读数。

(5)冷却液必须使用_____进行配制,严禁只用_____来当冷却液。

二、决策与计划

请根据任务要求,确定所需要的检测仪器、工具,并对小组成员进行合理分工,制订详细的诊断和修复计划。

1.实训要求

(1)了解并遵守实训室的安全规定,规范使用设备,确保自己和其他人员的安全。

(2)操作过程中应选择合适的工具并规范使用。

(3)明确操作流程,并按照标准化的操作流程进行作业。

(4)与任课老师积极交流,与同学协调配合,营造和谐的课堂气氛。

(5)遵守6S管理制度,实操完毕后对工具和设备进行整理和清洁。

(6)操作过程中产生废弃物料时,须按照环保要求进行分类和处理。

2.设备、工具及耗材

序号	设备与资料	工具及数量	耗材

3. 小组成员分工

以 3～5 人为一组,选出组长并进行任务分工,将小组成员分工情况填入下表。

小组成员	姓名	任务分工
组长		
组员		

4. 工作计划

序号	作业项目	操作要点

三、实施

1. 仪器检查

请按照规范依次检查仪器,并将检查方法与检查结果填写在下表中。

序号	检查仪器名称	检查方法	是否正常
1	绝缘手套	检查有无裂缝、损坏	是□　否□
2	举升机		是□　否□
3	故障诊断仪		是□　否□
4	钳形电流表		是□　否□
5	万用表		是□　否□
6	绝缘表		是□　否□
7	绝缘垫		是□　否□

2. 操作准备

请将准备内容填入下表。

准备内容	操作内容及步骤	其他说明
穿好防护装备		
车辆防护		
车辆高压断电		
举升车辆		
放下车辆		

3. 实施操作

检查冷却系统各部件,请将相关内容填入下表。

检查对象	检查结果或数据	遇到的问题及解决方法
散热器、接头及外观		
冷却管路及接头检查		
膨胀水箱液面检查		
冷却风扇外观检查		
冷却水泵外观检查		
冷却水泵动态测试		
电机温度传感器数据监测		
冷却风扇动态测试		
熔断丝盒对应熔断丝检查		

4. 冷却水泵电路测试

序号	画出水泵控制电路简图	操作内容及步骤	遇到的问题及解决方法

5. 冷却风扇电路测试

序号	画出冷却风扇电路简图	操作内容及步骤	遇到的问题及解决方法

6. 温度传感器电路测试

序号	画出温度传感器电路简图	操作内容及步骤	遇到的问题及解决方法

四、考核评价

考核评价表

考评项目	考评内容	配分	评分		
			自评	互评	师评
职业素养 （40分）	考勤、着装	6			
	安全意识	8			
	责任、服务意识	8			
	团队意识	5			
	组织纪律	5			
	环境卫生	8			
技能操作 （60分）	操作规范	12			
	表达熟练程度	12			
	资料查找	12			
	资料整理	12			
	任务完成情况	12			
合计		100			
总评	自评（30%）＋互评（30%）＋师评（40%）		综合成绩：		

五、任务小结

请简述实训过程中存在的问题点及改进建议。

思政园地

中山大洋电机：持续创新，铸就电机行业传奇

大洋电机成立于2000年，从一家专业的AC/DC电机制造及出口企业起步，总部位于广东省中山市，占地面积达59.4万平方米。公司在发展过程中，不断拓展业务领域，逐步成为全球同类电机产品的大型领先供应商。大洋电机的主要业务为微特电机的开发、生产和销售，目前已具备年产2175万台微特电机的生产能力。其产品广泛应用于家电、汽车、摩托车等多个行业，与国内外众多知名企业建立了长期合作关系。例如，大洋电机与海尔、美的、格力、长虹、TCL、格兰仕及Whirlpool、Goodman、Carrier、Samsung、LG、Panasonic等全球知名企业合作，涵盖了家用电器、自动控制等多个领域。

曾任大洋电机副总裁的熊杰明积极推动企业的数字化智能化改造，分享了大洋电机在这方面的宝贵经验。作为"2022年中山市制造业企业、数字化智能化示范工厂"的标杆示范企业，大洋电机在熊杰明的带领下，有信心推动数字化建设顺利落实，提高企业效率和竞争力，为大湾区建设贡献力量。

熊杰明介绍，大洋电机从2003年开始，就尝试在企业内部启用电子信息系统参与日常的生产和管理；2021年开始深入数字化建设的探索，包括建设数字化工厂和数字化管理系统。为了推动企业的数字化建设，大洋电机组建成立了数字化建设指导委员会，该委员会由集团高管以及外部的顾问、专家组成，下设多个专业组。大洋电机的数字化转型主要集中在两个领域。首先是数字化制造，它以生产节拍为管理核心，通过互联网系统和方法，实现人员、设备、物料和信息环境的可视化与透明化。这样做可以提高设备的综合性能利用率，缩短产品交付周期，并降低制造成本。其次是企业内部的数字化管理，这涉及实施流程闭环和智能化研发管理，优化流程自动化机器人的决策路径，减少管理各环节中的沟通、决策和试错成本，推动企业管理向扁平化发展，从而提升组织效率。

工厂数字化管理系统能监测每条生产线的实时产量、质量信息，包括员工在岗情况。完成当日的生产计划后，每位员工都可以通过智能终端或者手机查看到当日的计件工资。工厂管理者也可以利用数字化管理平台实现生产全过程的管控。

对于大洋电机而言，进行数字化转型是公司加速转变生产方式、优化内部资源配置的必然要求。大洋电机在全国乃至全球多地都布局了子公司，如此大的规模，依靠传统的手工方式来整理数据远远跟不上发展的需求。在大洋电机的中控室，不仅能实时监测中山工厂的各项数据，湖北甚至越南子公司的相关数据，都能快速掌握。

熊杰明表示："数字化是制造业企业转型的一个必经步骤，我们在政府的引导、支持下也做了大量的工作，相信只要我们持续地在数字化转型上投入和钻研，就会进一步增强我们大洋电机的核心竞争力。"

项目四

新能源汽车电机控制技术认知

【项目介绍】

本项目主要学习新能源汽车电机控制技术的相关知识,包括直流电机控制技术和交流电机控制技术2个学习任务。学习任务1重点介绍直流电机控制器的结构、功能及其控制原理;学习任务2重点介绍交流电机控制技术,包括定子电流最优控制、坐标变换、电源调制算法(IGBT控制-调制)、无感化技术等。

【教学目标】

知识目标

1.掌握新能源汽车驱动电机控制器的组成及功能;

2.理解新能源汽车电机控制器的工作模式、控制原理;

3.掌握交流电机控制技术的特点;

4.掌握交流电机控制技术。

能力目标

1.能够识别新能源汽车电机控制器的各部分组成;

2.能够介绍电机控制技术。

素养目标

1.具备积极、主动的探索精神;

2.具备严谨、细致的工作态度;

3.具备科技强国的意识;

4.养成安全规范操作的职业习惯;

5.严格执行6S现场管理,培养学生的规范意识和爱岗敬业的工作态度。

学习任务1 新能源汽车直流电机控制技术

【任务描述】

一款纯电动汽车搭载的直流电机出现不运转故障,车主将车辆送至新能源汽车4S店进行检修。初步判断是直流电机控制器出现了故障,需进行检修,如何按照规范流程对直流电机控制器进行检修呢?

【理论知识】

1. 直流电机控制器的作用及功能

目前新能源电动汽车普遍采用的驱动电机有交流异步电机、永磁同步电机和开关磁阻电机。部分车辆也采用直流电机,但直流电机由于其机械换向器在高速大负荷下运行会产生噪声、火花、无线电干扰,存在寿命短、需要经常性维护等缺点,因此直流电机在现代高性能车上的应用正在减少。无刷直流电机(BLDCM)利用晶体管电路换向方案来控制生成旋转磁场,代替传统有刷电机中机械电刷和换向器。与传统的有刷电机相比,无刷直流电机具有显著的节能效果,体积更小、重量更轻、噪声更低,同时更加可靠耐用。此外,它还具有卓越的速度转矩特性,能够精确地控制速度,使其在变速应用中具有更大的优势。因此,当前新能源电动汽车多采用无刷直流电机。本学习任务重点对无刷直流电机及控制器进行介绍。

电机控制器作为驱动控制电动汽车的核心部件之一,是汽车动力性能的决定性组件。控制器的复杂程度及特性会依据电机的需要而呈现出不同的性能。

1)主要作用

电机控制器接收来自整车控制器的需求指令,并从动力电池包获取电能。通过其内置逆变器的精确调制,控制器能够输出适合电机所需的电流和电压,确保电机的转速和转矩精准匹配整车的性能需求。

2)主要功能

电机控制器执行与整车控制器的通信,监测直流母线电流,精确控制绝缘栅双极型晶体管(IGBT)模块,同时监控高压线束的连接状态。它还负责反馈IGBT模块的温度信息,为旋变传感器提供励磁供电,并进行旋变信号的分析,确保所有关键信息能够及时反馈至系统。

3)工作过程

如图4-1-1所示,当整车控制器(VCU)根据驾驶员意图发出换挡、加速、制动等各种指令时,电机控制器(MCU)响应这些指令并及时反馈至系统,将动力蓄电池所存储的电能转化为驱动电机所需的电能,来控制整车的启动、怠速、前行、倒车、停车、爬坡、能量回收等,或者帮助电动车辆制动并将部分制动能量存储到动力蓄电池中。

2. 直流电机控制器的组成

直流电机控制器主要组成如下:

1) 控制电路——电子控制模块

电子控制模块包括硬件电路和相应的控制软件。硬件电路主要包括微处理器,对电机电流、电压、转速、温度等状态的监测电路,各种硬件保护电路,以及与整车控制器、电池管理系统等外部控制单元进行数据交互的通信电路。控制软件根据不同类型电机的特点实现相应的控制算法。

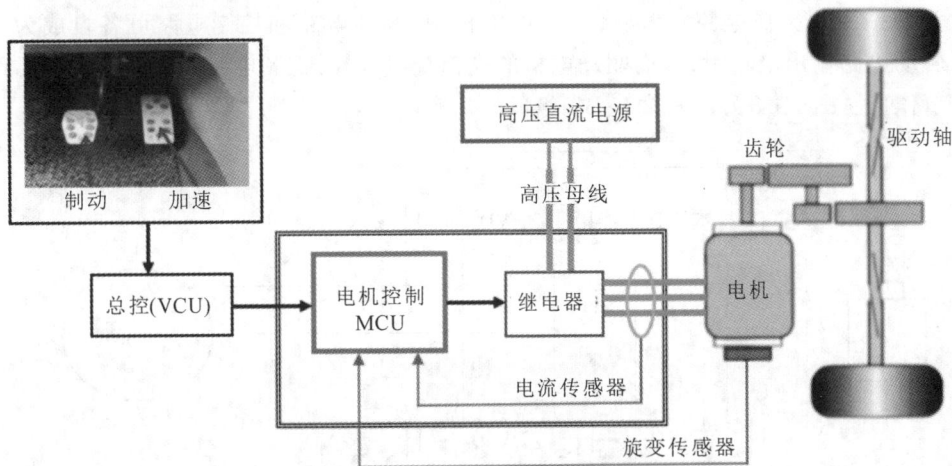

图 4-1-1 电机控制器外部连接关系

驱动电机控制器[见图 4-1-2(a)]主要依靠电流传感器[见图 4-1-2(b)]、电压传感器、温度传感器来监测电机运行状态,并根据相应参数完成电压、电流的调整控制以及其他控制功能。

(a) 电机控制器　　　　(b) 电流传感器　　　　(c) IGBT模块

图 4-1-2 驱动电机控制器、电流传感器及 IGBT 模块

电流传感器:用于检测电机的实际工作电流,包括母线电流、三相交流电流。

电压传感器:用于检测供给电机控制器的实际工作电压,包括动力电池电压、12 V蓄电池电压。

温度传感器:用于检测电机控制系统的工作温度,包括 IGBT 模块[见图 4-1-2(c)]的温度。

2）驱动电路——驱动器

将微控制器对电机的控制信号转换为驱动功率变换器的驱动信号，并实现功率信号和控制信号的隔离。

3）功率电路——功率变换模块

功率变换模块实现对电机电流的控制。电动汽车经常使用的功率器件有大功率晶体管、门级可关断晶体管、功率场效应管、绝缘栅双极型晶体管以及智能功率模块等。

无刷直流电机的驱动及控制这两部分是不容易分开的，小功率用电机往往将两者集成为单一专用集成电路；在功率较大的电机中，驱动电路和控制电路可各自成为一体。驱动电路输出电功率，从而驱动电机的电枢绕组，同时控制电路对电功率的输出值起调节作用。图4-1-3为由六个IGBT组成的功率电路。

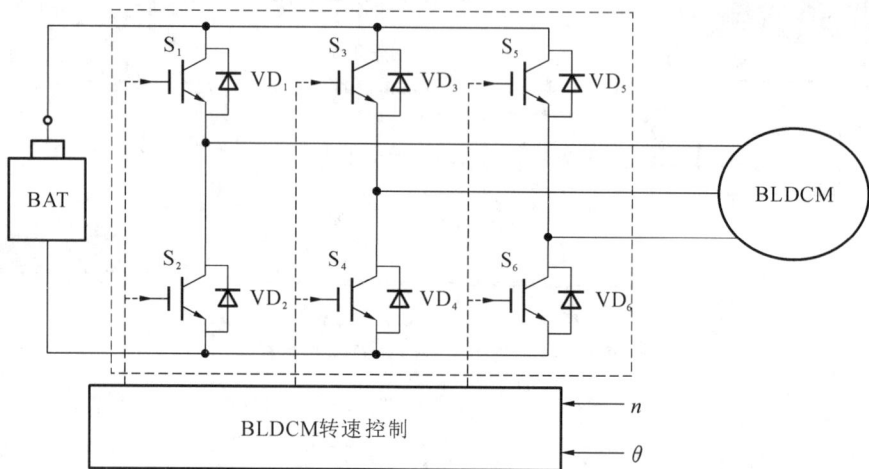

图4-1-3　典型功率电路图

3. 无刷直流电机的驱动方法

无刷直流电机是在有刷直流电机的基础上发展起来的，当前新能源汽车直流电机大多采用无刷直流电机。无刷直流电机的运作原理实质上是将交流电驱动技术应用于直流电机。无刷直流电机的结构如图4-1-4所示。

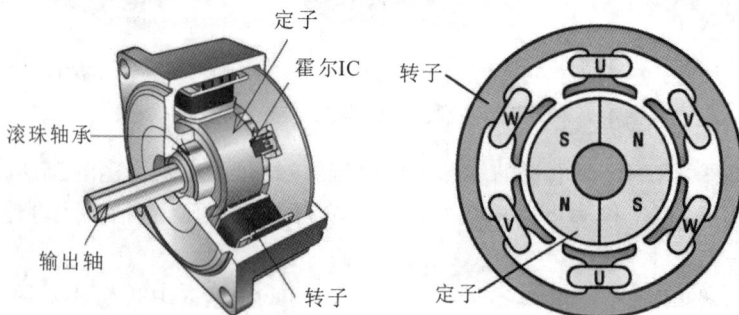

图4-1-4　无刷直流电机的结构

　　直流无刷永磁电机的定子绕组可以制成对称的多相(三相、四相、五相不等),通常为三相,如图4-1-5(a)所示为三相的定子绕组。各相绕组分别与电子开关线路中的相应晶体管相连接,电子开关线路有桥式和非桥式两种。当定子绕组的某一相通电时,该电流与转子永久磁钢的磁极所产生的磁场相互作用而产生转矩,驱使转子转动。无刷直流电机就是运用电子开关电路和位置传感器代替电刷及换向器,将直流电转换成模拟三相交流电,通过调制脉宽改变其电流大小来改变转速的。

　　无刷直流电机外部电压是直流的,而线圈内部的电压是交变的,所以电子开关电路是直流电机系统中的关键部件。直流电机具有可逆性,原则上既可以作为发电机运行,也可以作为电动机运行,只是外部条件不同而已。

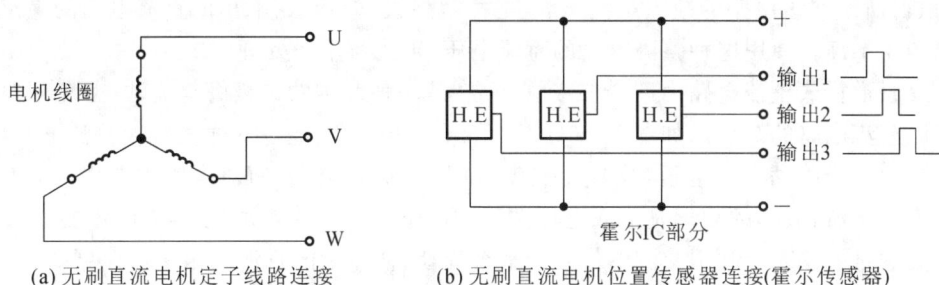

(a)无刷直流电机定子线路连接　　　　(b)无刷直流电机位置传感器连接(霍尔传感器)

图4-1-5　无刷直流电机的线路连接

　　为了使电机旋转,必须顺序地给定子绕组通电,并且必须知道转子的位置(即转子的北极和南极)才能精确地给一组特定的定子绕组通电。通常使用霍尔传感器(根据霍尔效应原理工作)来检测转子的位置并将其转换为电信号。大多数无刷直流电机都配备了3个霍尔传感器,这些传感器均匀地间隔120°嵌入定子中,用以检测转子的位置,如图4-1-5(b)所示。当转子的磁极经过3个霍尔元件时,每个霍尔传感器会根据面对的磁极(北极或南极)输出高电平或低电平信号。电机控制器通过这些电平信号的时序来判断转子的位置,并相应地调节通过定子绕组的电流相位和大小,从而控制电机的转速和转向。这样可以实现电机的平滑控制和高效运行。

　　位置传感器的主要功能是检测转子的位置,并将这些信息传递给电子换相电路。这样,电子换相电路就能够根据转子的实际位置来控制功率晶体管的导通和关断,从而实现电机的平滑和有效运转。无刷直流电机使用的位置传感器除了磁敏式位置传感器(霍尔传感器)外,还可以采用电磁式、光电式多种无接触式位置传感器,其中霍尔传感器的使用最为广泛。

4. 直流电机控制器的控制原理

1) 电力电子电路的转换形式

　　当前,新能源汽车领域广泛采用的电机控制器主要是交-直-型,尤其是电压型电机控制器因通用性高而备受青睐。这类控制器由整流回路(实现交流到直流的转换)、直流滤波电路(用于降低能耗)以及逆变电路(将直流转换为交流)构成。除此之外,电压型电机控制器还集成了限流电路、制动电路和控制电路等关键组成部分,以确保电机的高效和稳定运行。

博世集团、大陆集团和日本丰田、日产、日立,都有自己的代表性产品,电机控制器逐渐向集成化方向发展,最高功率密度已经提高到 60 kW/L,新的电力电子器件比如碳化硅(SiC),已经在新产品中得到应用。

电力电子电路的转换一般有以下基本形式:

(1)整流——交流/直流转换(AC/DC 转换)。

利用二极管的单向导通性将正负变化的交流电压变为单向脉动电压的电路。整流方法有全波整流、桥式整流、半波整流,如图 4-1-6 所示。

单通道半波整流电路只能对交流电压的半波进行整流,另外半波则无法通过,如图 4-1-6(a)所示。该电路的缺点是波形大、电力浪费大、效率低,输出的直流电压的稳定性和纯净度不高。使用这种整流电路的直流电压,须进行平滑处理。

双通道桥式整流电路由四个二极管构成,是一种改进的二极管整流法,避免了单通道半波整流电路的缺点。如图 4-1-6(b)所示,交流电压 U_1 经过双通道桥式整流电路后,被转换为一个脉动直流电压 U_2,使得交流电压 U_1 的负半波在直流电路中的用电器 R 上呈现为正半波,波形的频率是输入电压频率的两倍。相比于单通道半波整流电路,该桥式整流电路能够充分利用交流电信号的整个周期,使输出的直流电压稳定性更高。

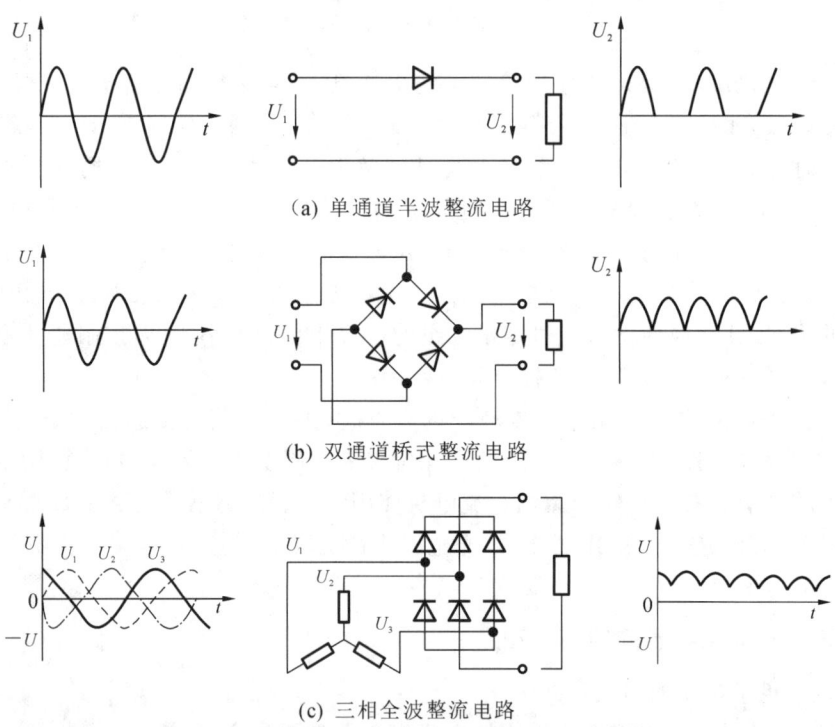

(a)单通道半波整流电路

(b)双通道桥式整流电路

(c)三相全波整流电路

图 4-1-6 三种整流电路

三相全波整流电路为由六个反向并联的二极管构成的桥式整流电路,如图 4-1-6(c)所示,它可以对三相导线上所有半波进行充分整流,得到的直流电压具有较小的波形。这种电路可以在车辆发电机中使用。

（2）逆变——直流/交流转换（DC/AC转换）。

逆变即将直流电转换为交流电。新能源汽车直流电机控制器的主要作用是控制电机的运转。由于直流电机通常使用直流电源供电，而车辆中的电源往往为直流或脉动直流，但在某些情况下，可能还需要进行AC（交流）的转换。这主要取决于电机的具体需求和系统的设计。因此，为了满足电机的工作需求，DC/AC转换是必要的。

DC/AC转换按电路的接线方式可分为半波电路和全波电路两种。逆变电路的作用是在控制电路的作用下，将直流电路输出的直流电源转换成频率和电压都可以任意调节的交流电源。最常见的逆变电路结构形式是利用6个功率开关器件（GTR、IGBT、GTO等）组成的三相桥式逆变电路，如图4-1-7所示。这个电路可以有规律地控制逆变器中功率开关器件的导通与关断，从而得到任意频率的三相交流电输出。

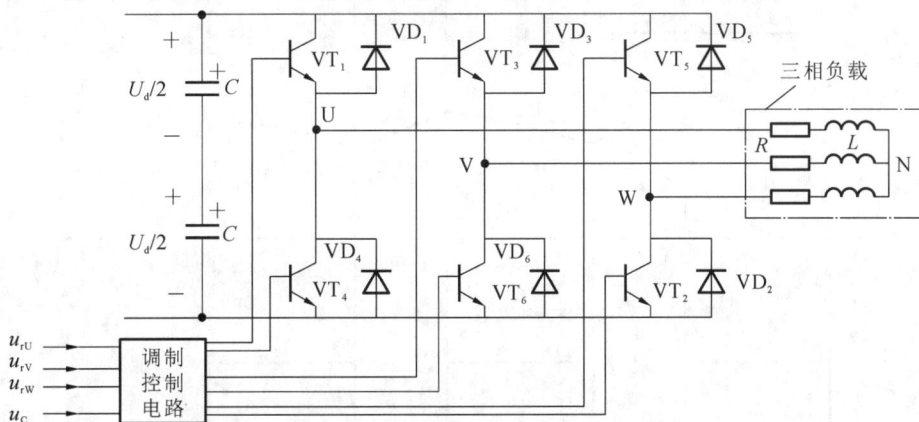

图4-1-7　三相桥式PWM逆变电路

（3）斩波——直流/直流转换（DC/DC转换）。

斩波电路原来是指在电力运用中，出于某种需要，将正弦波的一部分"斩掉"，如图4-1-8所示。例如在电压为50 V的时候，用电子元件使0～50 V部分电压截止，输出电压为0 V。后来，斩波这个概念借用到DC/DC开关电源中，主要是在开关电源调压过程中，将原来呈一条直线的恒电压电源"斩"成一段一段的脉冲电压。无刷直流电机调节电枢电压需要专门的可控直流电源，目前大多采用DC/DC转换器实现。DC/DC转换器也称作斩波器，具有效率高、控制灵活、设备尺寸小和质量轻等许多优点，同时响应速度快、输出脉动小，对于电机驱动来说，采用斩波器驱动的电机在很低的速度下也可以实现再生制动。

（4）变频——交流/交流转换（AC/AC转换）。

变频是指通过对供电频率的转换来实现电机运转速率的自动调节，例如把50 Hz的固定电网频率改为30～130 Hz的变化频率，同时还使电源电压适应范围达到142～270 V。AC/AC转换主要用于交流电的转换和控制，这与直流电机的运行原理不同，新能源汽车直流电机控制器通常不需要进行AC/AC转换。不过这主要取决于具体的技术要求和系统设计，有些系统可能为了适应特定应用场景和需求，采用更复杂的电源管理策略和电力变换技术。典型的变频器内部主电路如图4-1-9所示。

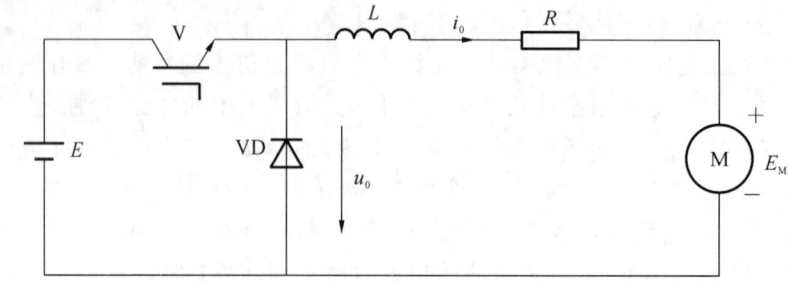

(a)

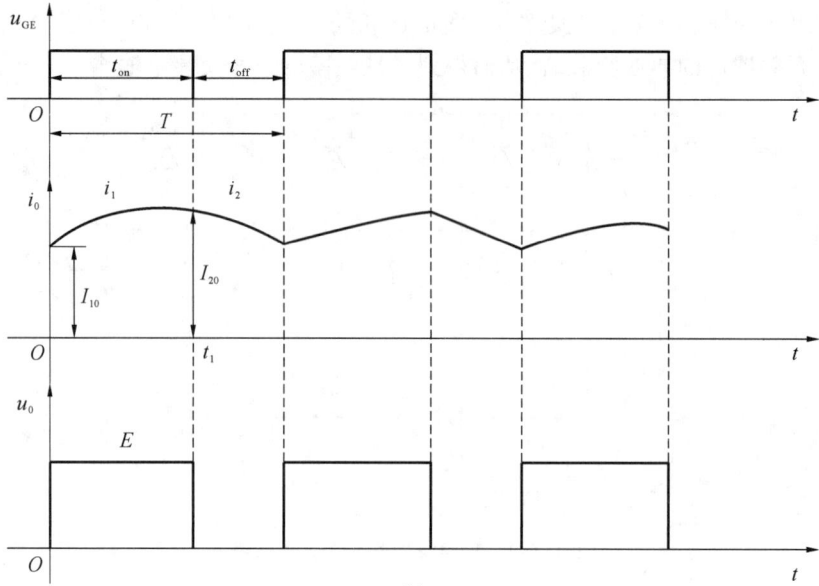

(b)

图 4-1-8　降压直流斩波电路及波形

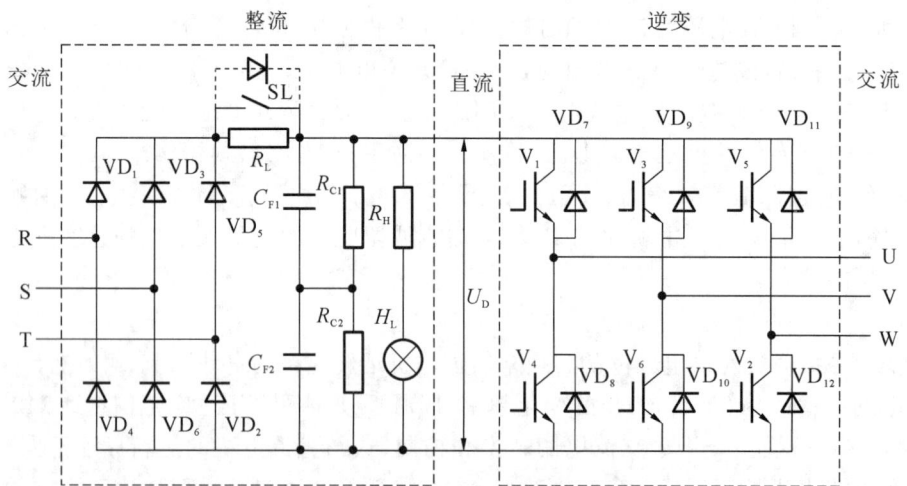

图 4-1-9　变频器内部主电路

2）逆变原理

逆变是将直流电转换为交流电的过程。无刷直流电机控制器中的逆变器负责将直流电源转换为交流电,以驱动无刷直流电机运转。逆变器通过切换电流的方向和大小并供给电枢,产生旋转磁场,使电机转动。因此,经过逆变器处理的电压是交流电压。电机控制器内部是利用IGBT进行电路变化的,IGBT模块通常有六个晶体管,是一种功率开关电力电子元器件,其开关作用就像一个三极管,但它可以用于高电压和大电流的通断。逆变原理如表4-1-1所列。IGBT驱动板承担多项关键功能:它负责将信号反馈至电机控制器的主控制板,监测直流母线的电压水平,实现直流到交流的转换及频率调节;此外,它还监控三相电流的大小,检测IGBT模块的温度状态,并执行三相整流操作。

表4-1-1 IGBT模块的逆变原理演示

电路形式	图示	原理说明
桥式电路:由 S_1~S_4 四个开关形成两桥臂结构	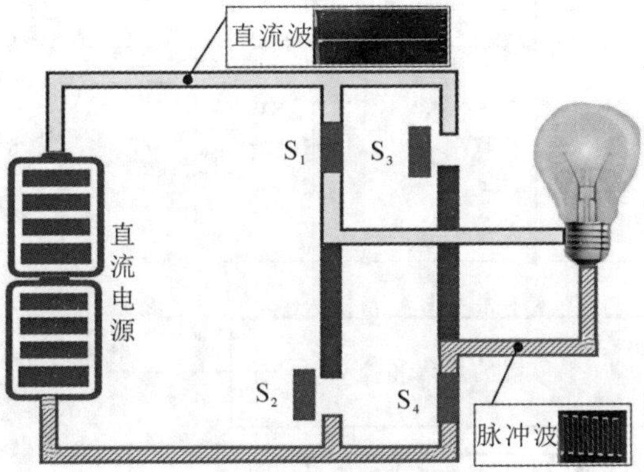	S_1、S_2 构成一个桥臂,S_3、S_4 构成另一个桥臂。同一桥臂的两个开关不能同时导通。 改变开关切换周期,就可改变输出交流电频率
简单逆变电路:用四个IGBT取代 S_1~S_4 四个开关	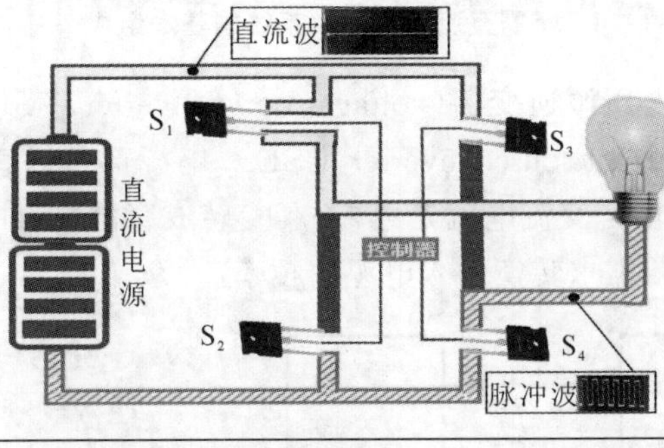	控制器控制 S_1~S_4 四个IGBT的通断,从而实现最简单的逆变
三相逆变电路:用六个IGBT取代 S_1~S_6 六个开关	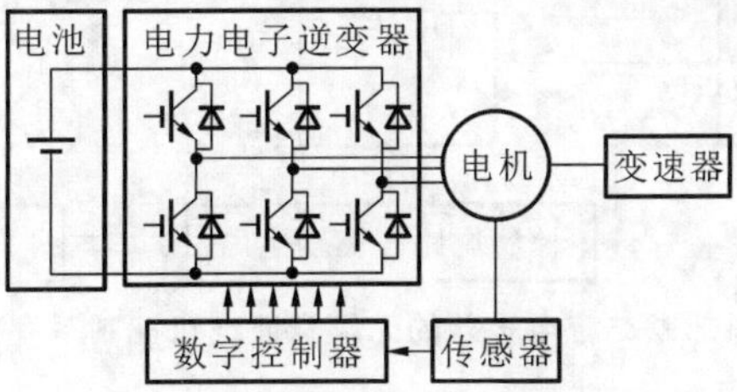	控制器控制 S_1~S_6 六个IGBT的通断,实现三相逆变,从而将电池的直流电转换为可驱动三相异步交流电机的交流电

3）无刷直流电机的控制策略

与传统有刷直流电机相比，无刷直流电机的显著特点就是其内部没有物理电刷，它不能自动完成电流的换向，而需要依赖外部的精密控制电路来实现电流换向。外部控制电路通过开关完成换向过程。开关电路具有灵活性和可编程性等特点，不仅可以实现基本的换向功能，还可以实现更多复杂的功能。

（1）驱动系统基本组成与连接。

如图4-1-10所示，无刷直流电机驱动系统的基本组成包括电源部（图中 V_{DC}）及控制部。在高性能的位置控制器中还有位置传感器和速度传感器，为了控制转矩还需要能进行电流反馈的电流传感器。控制部主要由三相逆变器和解码电路、控制电路组成。

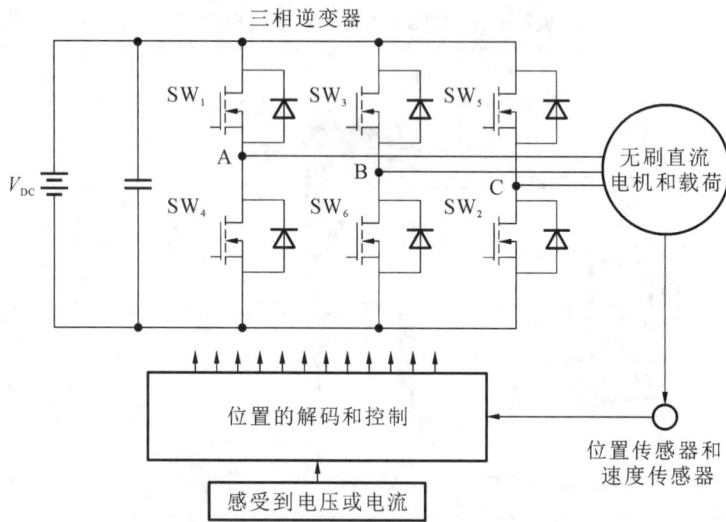

图4-1-10 无刷直流电机驱动系统的基本组成

三相逆变器通常使用电压源逆变器（voltage source inverter, VSI）。电压源逆变器对应的是电流源逆变器（current source inverter, CSI）。电源部可以直接以直流电输入或以交流电输入，如果输入的是交流电就先经AC/DC转成直流电再向三相逆变器提供（见图4-1-11），控制部分则依需求转换输入电源的频率。

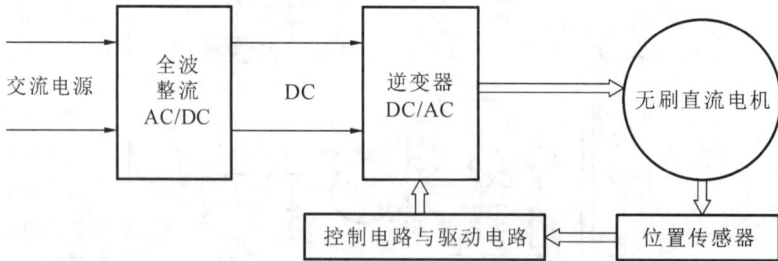

图4-1-11 电源部以交流电输入的无刷直流电机控制系统方框图

无刷直流电机在工作时，在向电机线圈输入直流电压前，必须根据转子的位置信号通过逆变器对直流电压实施电子换向,这样才能在气隙中产生合适的步进式旋转磁场。该磁场与永磁式转子相互作用,从而驱动无刷直流电机旋转。逆变器由逆变桥、控制逻辑和滤波电路组成。如图4-1-12所示,逆变桥一般由6个功率晶体管(IGBT)组成上桥臂(SW₁、SW₃、SW₅)和下桥臂(SW₂、SW₄、SW₆)。6个IGBT按图4-1-12所示方式连接,作为控制流经电机线圈的开关。

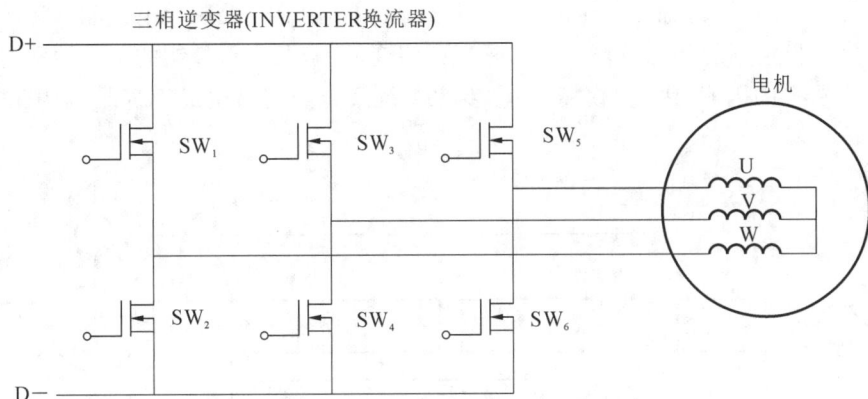

图4-1-12 逆变桥与电机的连接方式

（2）控制策略。

① 控制原理。要让电机转动起来,首先控制中心就必须根据位置传感器(多为霍尔传感器)感应到电机转子目前所在的位置,然后依照定子绕组确定开启(或关闭)逆变器中功率晶体管IGBT的顺序,使电流依序流经电机线圈产生顺向(或逆向)旋转磁场,并与转子的磁铁相互作用,如此就能使电机顺时针/逆时针转动。随着电机转子的旋转,当位置传感器捕捉到新的位置信号,控制中心随即激活下一组功率晶体管。通过这种循环机制,电机能够持续沿同一方向旋转。当控制单元决定停止电机转动时,它会关闭功率晶体管(或仅激活下桥臂的功率晶体管)。若需电机反向旋转,则会以相反的顺序激活功率晶体管。

功率晶体管的开启方法举例如下：SW₁、SW₄一组→SW₁、SW₆一组→SW₃、SW₆一组→SW₃、SW₂一组→SW₅、SW₂一组→SW₅、SW₄一组,但开启组合绝不能是SW₁与SW₂、SW₃与SW₄、SW₅与SW₆。此外,因为电子零件存在开关的响应时间,所以在设计功率晶体管的开关交错时间时要考虑零件的响应时间,否则若上桥臂(或下桥臂)尚未完全关闭,下桥臂(或上桥臂)就已开启,则会造成上、下桥臂短路,最终导致功率晶体管被烧毁。

② 控制方法。随着电机的运转,控制单元会依据驱动器设定的速度和加/减速率生成的命令,并与位置信号变化的速度进行比较(或通过软件计算),以确定下一组开关(如SW₁/SW₄、SW₁/SW₆、SW₃/SW₆等)的导通,以及导通的持续时间。如果速度不足,将延长导通时间；如果速度过快,则缩短导通时间。这一调节过程由脉宽调制(PWM)来实现,PWM决定功率晶体管开关频度及换流器换向的时机。

PWM是调节电机转速的关键手段,而精确生成PWM信号对于实现精确的速度控制至关重要。在处理高转速控制时,必须确保系统的时钟分辨率足够高,以便及时处理软件指令。此外,位置信号变化数据的存取方式也对处理器的性能、判断的准确性和实时性有着显著影响。对于低转速的速度控制,尤其是低速启动,由于反馈的位置信号变化较慢,因此信号的采集方式、处理时机的选取,以及配置控制参数的选择,都显得尤为重要。

　　实际工程对电机的要求是既运转顺畅又响应良好。图4-1-13所示为经典转速和位置信号反馈控制系统方框图,通过比例-积分-微分控制(PID控制),电机能够运转顺畅、响应良好。但控制的状态及环境其实是复杂多变的,若要确保控制的稳定性和耐用性,就要考虑更多的因素,因此,模糊控制、专家系统及神经网络也成为智能型PID控制的重要理论。

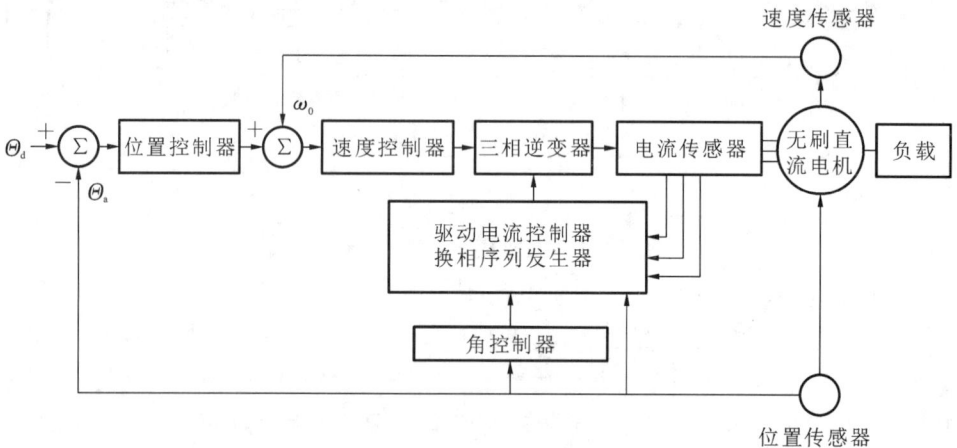

图4-1-13　经典转速和位置信号反馈控制系统方框图

　　无刷直流电机的转速调节可以通过调节电枢的电压或改变电枢电阻来实现,后者因其在调速电阻上消耗大量电能、空载或轻载时调速范围不大、机械特性较软、稳定度低等缺点,目前应用较少。

　　由于位置传感器增加了电机的成本和体积,而且其控制系统易受外部环境干扰,因此,部分新能源车也使用了无位置传感器的无刷直流电机。无位置传感器控制的无刷直流电机一般采用直接反电势检测法、反电势三次谐波法、电流通路监视法、开路相电压检测法、相电感法、磁链估计法、反电势逻辑电平积分比较法等方法来间接检测转子的位置。

5. 直流电机控制器工作模式

直流电机控制器工作模式分为两种:驱动模式和发电模式。

1) 驱动模式

　　整车控制器根据车辆运行的不同情况(包括车速、挡位、电池的荷电状态)来确定电机输出转矩或功率。当电机控制器接收到来自整车控制器VCU的转矩输出指令时,它会将动力电池提供的直流电转化成交流电,以驱动电机产生所需的转矩。随后,这一转矩通过机械传动系统传递,进而推动车辆前进。

2）发电模式

当车辆在滑行或制动状态时,电机控制器接收到来自整车控制器VCU的发电指令后,电机控制器处于发电状态,此时电机会将车辆动能转化成电能。之后,交流电通过电机控制器转化为直流电,存储到动力电池中。

【实践知识】

1.无刷直流电机控制器的外部接口认知

根据实际情况选取无刷直流电机控制器,学生分小组认识直流电机控制器的各个外部接口(辨别高、低压接口),并能理清主要线路连接关系及其作用。

2.低压接口与插接件针脚辨别

学生分小组查找资料,列出如表4-1-2所示的驱动电机控制器低压插接件针脚定义表,对照辨别插接件的针脚。

表4-1-2　驱动电机控制器低压插接件针脚定义

型号	针脚编号	信号名称	说明
××××	12	激励绕组 R1	电机霍尔位置传感器接口 (三个霍尔位置传感器)
	11	激励绕组 R2	
	34	余弦绕组 S1	
	××	余弦绕组 S3	
	××	正弦绕组 S2	
	××	屏蔽层	
	××	12V_GND	控制电源接口
	××	12V+	
	××	××	CAN总线接口
	××	××	电机温度传感器接口
	××	××	总线接口
	××	××	高、低压互锁接口
	…	…	…

【知识拓展】

1.模拟量和脉冲

电机有两种输入信号:模拟量和脉冲。模拟量就是电压,比如输入电压范围是$-10\sim10$ V,-10 V对应电机反转转速,0 V对应不转,10 V对应正转转速。发送脉冲的频率决定了电机的转速。

2. 脉冲宽度调制

PWM是脉冲宽度调制输出脉冲信号的一种说法,这里的脉冲宽度调制其实就是调节的占空比。在PWM驱动控制的调整系统中,按一个固定的频率来接通和断开电源,并根据需要改变一个周期内"接通"和"断开"时间的长短。通过改变直流电机电枢上电压的占空比来改变平均电压的大小,从而控制电机的转速。PWM又被称为开关驱动装置。在脉冲作用下,改变占空比可以得到不同的电机平均速度,从而达到调速目的。

3. IGBT模块功能

IGBT(insulated gate bipolar transistor,绝缘栅双极型晶体管),是一种全控型开关器件,其控制端具有控制器件导通、关断的能力,是能源变换与传输的核心器件,俗称电力电子装置的"CPU"。IGBT模块是由IGBT芯片与FWD(续流二极管)芯片通过特定的电路桥接封装而成的模块化半导体产品,封装后的IGBT模块直接应用于变频器。IGBT模块具有节能、安装维修方便、散热稳定等特点。一般所说的IGBT指IGBT模块。

IGBT的特点是输入阻抗高,驱动电路简单,需要的驱动功率小;开关速度快,工作频率高。IGBT的结构、简化等效电路和电气图形符号如图4-1-14所示。

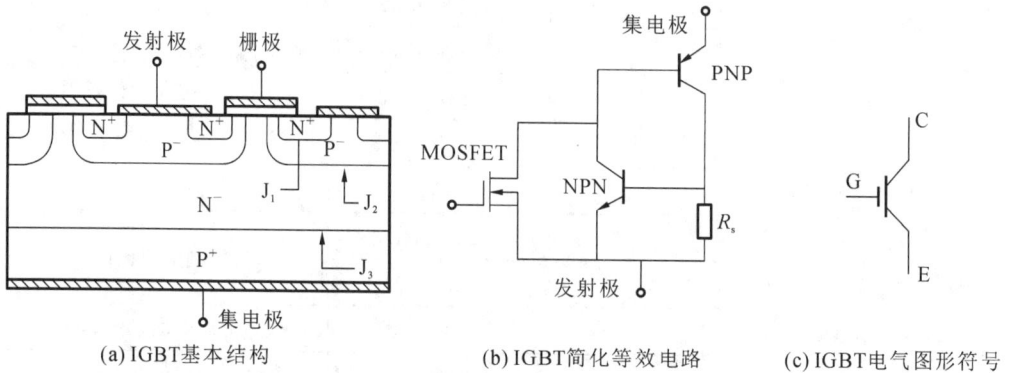

(a)IGBT基本结构　　　　(b)IGBT简化等效电路　　　(c)IGBT电气图形符号

图4-1-14　IGBT的结构、简化等效电路和电气图形符号

4. 电压型逆变器与电流型逆变器的区别

电压型逆变器:① 直流侧为电压源;② 逆变输出的电压波形为矩形波;③ 逆变桥都并联了反馈二极管。

电流型逆变器:① 直流侧为电流源;② 逆变输出的电流波形为矩形波;③ 逆变桥不用反馈二极管。

电压型逆变器与电流型逆变器主要有四个不同点。① 电源不同:一个是电压源;一个是电流源。② 储能器件不同:一个是电容储能;一个是电感储能。③ 输出波形不同:一个是输出电压为脉冲波,电流为正弦波;一个是输出电流为脉冲波,电压为正弦波。④ 逆变器件不同:一个是全控器件;一个是半控器件。

5. 无刷直流电机改变转向及调速的方法

直流电机改变转向的方法：一是改变电枢两端的电压极性，以改变电枢电流的方向；二是改变励磁绕组的极性，以改变主磁场的方向。

励磁控制法控制磁通，其控制功率虽然小但低速时受到磁场饱和的限制，高速时受到换向火花和转向器结构强度的限制，而且由于励磁线圈电感较大、动态响应较差，因此常用的直流电机转向控制方法是电枢电压控制法。连续改变电枢供电电压，可以使直流电机在很宽的范围内实现无级调速。永磁式直流电机由于使用永久磁钢作为磁场源，省去了励磁绕组，因此无法通过改变磁场方向来控制电机的调速和转向。相反，它通过调整电枢电流的方向和大小来实现电机的控制。

6. 无刷直流电机制动的方法

无刷直流电机通常利用电机自身进行快速制动，有两种简单的办法：一是能耗制动；二是短接制动。

能耗制动是把电机的动能消耗在外部制动电阻上，能耗制动对于减少电机发热更加有利。短接制动是指在制动时使电机的驱动MOS管（场效应管）的上桥臂（或者下桥臂）全部导通而下桥臂（或者上桥臂）完全截止，从而实现电机三相定子绕组的全部短接。

短接制动是把电机的动能消耗在电机的定子绕组上，不需要对硬件进行任何改动，简单方便。处于发电状态的电机，相当于电源被短路。因为绕组的电阻比较小，所以能产生很大的短路电流，电机的动能被快速释放，从而使电机瞬时产生极大的制动力矩，能够达到快速制动的效果。电机速度越高，短路电流越大，制动力也越大。但是必须考虑MOS管的承受能力，因此一般等待电机速度降低到一定程度再使用短接制动。

【学习小结】

通过本任务的学习，你学会了什么呢？

本学习任务介绍了直流电机控制器的组成及功能、无刷直流电机的驱动方法、直流电机控制器的控制原理、直流电机控制器工作模式等理论知识。实践部分的要求是识别无刷直流电机控制器的外部接口，以及辨别低压接口与插接件针脚。

思考与练习

一、填空题

1. 无刷直流电机是用_____和_____代替电刷及换向器，将_____电转换成_____电，通过_____改变其电流大小来改变转速的。

2. 目前新能源电动汽车普遍采用的驱动电机有_____电机、_____电机、_____电机和_____电机。

3. 直流电机控制器主要组成有_____模块、驱动器、_____模块。

4. 直流电机改变转向的方法包括_____和_____。

5. 直流电机的制动方法有_____和_____两种。

二、判断题

1. 直流电机换向极的作用是使直流电机运行时不产生有害的火花。 （ ）

2. 无刷直流电机是交流伺服电机的一种,其驱动电流是交流电。 （ ）

3. 电刷的数目一般等于主磁极的数目。 （ ）

4. 换向器的作用是把电枢绕组中的交流电转换为直流电向外部输出。 （ ）

5. 无刷直流电机的运作原理实质上是将交流电驱动技术应用于直流电机。 （ ）

6. 要改变电机的转向,只需改变电磁转矩的方向。 （ ）

三、问答题

1. 电机控制器的工作过程是什么?

2. 电机控制器的主要功能有哪些?

3. 直流控制器有哪两种工作模式?

4. 简述IGBT模块的逆变原理。

【任务工单4.1】 新能源汽车直流电机控制器认知

任务名称	直流电机控制器认知		学时	4学时	班级	
姓名			学号		成绩	
任务描述	现有一辆搭载无刷直流电机的新能源汽车出现故障,初步判断是直流电机控制器内部部件损坏,如果要换件是需要征求客户意见的,现需要你联系客户并提出对损坏部件的处理意见。在联系之前,你需要做哪些准备工作呢?					
任务目的	根据任务要求认知直流电机控制器。					
车辆信息描述	VIN码			车辆行驶里程		
	电机型号			电机控制器型号		

任务实施过程记录

一、资讯

在进行具体工作前,需要掌握直流电机控制器的相关知识,请查阅相关资料回答下列问题。

(1)驱动电机控制器主要功能包括＿＿＿＿＿、＿＿＿＿＿、＿＿＿＿＿。

(2)IGBT,中文全称为＿＿＿＿＿,是一种＿＿＿＿＿器件,其控制端具有控制器件＿＿＿＿＿、＿＿＿＿＿的能力,是能源变换与传输的核心器件。

(3)当整车控制器(VCU)根据驾驶员意图发出换挡、加速、制动等 各种指令时,＿＿＿＿＿响应这些指令并及时反馈至系统,将动力蓄电池所存储的电能转化为驱动电机所需的电能。

(4)电力电子电路的转换一般有＿＿＿＿＿、＿＿＿＿＿、＿＿＿＿＿和＿＿＿＿＿四种基本形式。

(5)＿＿＿＿＿用于检测电机控制系统的工作温度,包括IGBT模块的温度。

二、决策与计划

请根据任务要求,确定所需要的检测仪器、工具,并对小组成员进行合理分工,制订详细的诊断和修复计划。

1.实训要求

(1)了解并遵守实训室的安全规定,规范使用设备,确保自己和其他人员的安全。

(2)操作过程中应选择合适的工具并规范使用。

(3)明确操作流程,并按照标准化的操作流程进行作业。

(4)与任课老师积极交流,与同学协调配合,营造和谐的课堂气氛。

(5)遵守6S管理制度,实操完毕后对工具和设备进行整理和清洁。

(6)操作过程中产生废弃物料时,须按照环保要求进行分类和处理。

2.设备、工具及耗材

序号	设备与资料	工具及数量	耗材

3.小组成员分工

以3~5人为一组,选出组长并进行任务分工,将小组成员分工情况填入下表。

小组成员	姓名	任务分工
组长		
组员		

4.工作计划

序号	作业项目	操作要点

三、实施

序号	检查项目	检查结果	原因/维护措施
防护用具检查			
1	安全帽是否完好		
2	护目镜是否完好		
3	绝缘手套是否完好		
4	绝缘鞋是否完好		
作业前整车安全防护			
1	规范着装		
2	铺设防护四件套		
3	放置安全警示牌		
4	放置车辆挡块		

序号	检查项目	检查结果	原因/维护措施
	工具仪表检测		
1	万用表、绝缘检查仪是否正常		
2	故障诊断仪是否正常		
3	绝缘工具是否完好、齐全		
	工作前整理清洁工作		
1	电机控制器外部吹风清扫干净		
2	工具设备摆放整齐		
	熟悉技术资料及操作要领		
1	熟悉该项目维修手册、电路图		
2	熟悉工具操作方法、操作规范		
	测量绝缘地垫的绝缘电阻		
1	绝缘地垫的绝缘电阻	＿＿＿＿＿Ω □正常 □异常	
	对电机控制器三相线进行验电		
1	下电：点火开关置于OFF挡，关闭维修开关，等待5 min以上		
2	断开辅助蓄电池，拆掉配电盒		
3	拆掉电机控制器外部连接线		
4	使用万用表对电机控制器三相线进行验电		
	识别外部高、低压接口		
1	对照实物，识别外部高低压接口、进出水口，辨别低压接口主要插接件针脚	1.低压插座 (1)霍尔线公共正极VCC (2)霍尔线公共负极GND (3)霍尔线HW (4)霍尔线HV (5)霍尔线HU (6)控制电源针脚正GND (7)控制电源针脚负VCC (8)电机温度传感器针脚 2.高压直流正级 3.高压直流负级 4.三相高压插座 5.进、出水口	

序号	检查项目	检查结果	原因/维护措施
	识别内部各组成		
1	拆卸外壳的固定螺栓,去掉电机控制器外罩壳		
2	对应实物,识别内部各组成部分及控制连接关系	1.控制器电路板 2.IGBT模块 3.接口电路板	
	装复电机控制器		
1	装上驱动电机控制器外罩壳,装上固定螺栓		
2	连接电机控制器外部插接件		
	试车确认正常		
1	恢复车辆,试车,确认全车工作正常		
	素质6S管理		
1	清理工具,归位,清理现场		

若发现部件有损坏或有部件达到更换周期,请将更换步骤填入下表。

序号	操作内容及步骤	遇到的问题及解决方法

四、考核评价

考核评价表

考评项目	考评内容	配分	评分		
			自评	互评	师评
职业素养 (40分)	考勤、着装	6			
	安全意识	8			
	责任、服务意识	8			
	团队意识	5			
	组织纪律	5			
	环境卫生	8			

续表

考评项目	考评内容	配分	评分		
			自评	互评	师评
技能操作 （60分）	操作规范	12			
	表达熟练程度	12			
	资料查找	12			
	资料整理	12			
	任务完成情况	12			
合计		100			
总评	自评（30%）＋互评（30%）＋师评（40%）		综合成绩：		

五、任务小结

请简述实训过程中存在的问题点及改进建议。

学习任务2　新能源汽车交流电机控制技术

【任务描述】

现有一辆搭载交流电机的新能源汽车出现故障,初步判断是交流电机控制器内部部件损坏,需进行检修,如何按照规范流程对交流电机控制器进行检修呢?

【理论知识】

1.新能源汽车用交流电机控制技术的特点

新能源汽车的驱动电机相较于传统工业电机,面临着更为严苛的使用环境,这对电机设计提出了更高的挑战。在具体设计上,车用驱动电机需满足一系列关键技术要求,包括:宽转速范围、宽电压范围、低速大转矩、高速大功率、高效率、低能耗、高安全性(高压安全、电磁安全等)、无感化、极致性价比等。这些要求使得永磁同步电机成为车用电机的首选,即当前新能源汽车市场上,已形成了以永磁同步电机(permanent magnet synchronous motor,PMSM)为主、交流异步电机为辅的分布格局。

显然,随着交流电机在新能源汽车市场上的主导地位不断加强,其控制技术的重要性也愈发显著。随着电力电子技术和控制理论的飞速发展,尤其是矢量控制方法的提出,交流电机的控制性能有了质的飞跃。截至目前,永磁同步电机控制领域常用的基本矢量控制方法主要有磁场定向控制(FOC)和直接转矩控制(DTC)两种。磁场定向控制是诸多高性能控制方案中工程应用最为成熟的一种,它基于交流电机的动态数学模型并利用坐标变换和磁场定向理论对系统加以简化,实现了磁链和转矩的精确解耦控制,具有动态性能好和调速范围宽的优点。直接转矩控制对转子位置信息要求不高,便于实现无速度传感器控制,系统鲁棒性高,省去了电流控制等中间环节,具有较好的动态控制性能。目前主流的矢量控制方法的控制策略能够实现对永磁同步电机等驱动电机的高性能控制,但是仍存在一些亟待解决的问题:① 动态响应性能不佳。驱动电机控制系统的响应时间如果过长,则难以即时调整驱动电机的输出,导致车辆动力输出滞后,不仅会影响驾驶体验,还可能在一定程度上影响行车安全。② 低调节精度。新能源汽车驱动电机控制策略精度不足问题往往与控制算法设计、传感器的精度及执行机构的性能有关。③ 低能量利用效率。新能源汽车驱动电机控制策略在能量转换方面存在不足,导致部分能源浪费,不仅会影响车辆的续航能力,还会增加能源消耗及运行成本。作为驱动电机与车辆之间的关键连接,设计一种高效的控制策略以更好地满足车辆的动力需求,是控制技术不懈追求的目标。

2.交流电机控制算法概述

交流电机控制的本质实际上就是控制电机的电磁转矩,进而控制电机的转速和位移。电机的转矩、转速和位置控制分别包含开环和闭环两种控制方式。在开环调速系统中仅改变输入电源的频率即可实现调速,而不用依靠位置或者速度传感器。在调速过程中,如果定子电源频率改变过快,会导致定子磁场的转速增加过快,从而使得定子与转子之间的磁场相位差迅速增大。这可能导致电磁转矩的增大或者减小。然而,只要电磁转矩大于负载转矩,最终定子与转子的磁场相位差就会恢复到稳定范围内,实现电机的正常调速。反之,如果电磁转矩小于负载转矩,转子转速就会下降,继而导致定子与转子的磁场相位差进一步增大,最终导致调速失败,这种现象称为失步。对于闭环控制系统来说,由于伺服系统可反馈转子位置信息,因此能有效避免失步现象的发生。伺服系统的转子位置信息的获取采用精度相对较高的光电编码器、旋转变压器等位置传感器,也可以采用无位置传感器的方法。典型驱动电机特性及控制方式如表4-2-1所示。

表4-2-1 典型驱动电机特性及控制方式比较

根据电机驱动结构分类	有刷直流电机(DCM)	步进电机(STM)		感应电机(IM)	表面永磁同步电机(BLDCM/SPMSM)	内嵌式永磁同步电机(IPMSM)、永磁磁阻电机(PRMSM)	同步磁阻电机、开关式磁阻电机(SynRM/SRM)
		永磁型(PM)	混合型(HB)				
转矩产生原理	磁铁(吸引、排斥)	磁铁(吸引、排斥)	磁铁(吸引、排斥)	涡电流(吸引、排斥)	磁铁(吸引、排斥)	磁铁＋铁芯(吸引)	铁芯(吸引)
高转矩	△	△	△	△	△	◎	○
高速旋转	○	△	△	○	○	◎	◎
高效率	△	×	△	△	○	◎	△
高速响应特性	△	◎	○	○	○	○	△
高旋转精度	○	○	◎	△	◎	○	△
静音/低振动	○	△	△	○	◎	○	×
价格/转矩	○	○	○	◎	△	△	○~◎
功率元件数	1(单相半)/4(单相全)	4(单极驱动)/8(双极驱动)		6(逆变器)	2(两相半)/3(三相半)/4(单相全)/6(三相全)/8(两相全)	6(三相全)	6(三相)
代表驱动控制方式	PWM控制	H桥双极驱动、H桥单极驱动、全步/半步/微步控制		开环恒压频比控制、电流矢量控制	电流矢量控制、直接转矩控制、无位置传感器控制	电流矢量控制、直接转矩控制、无位置传感器控制	开环恒压频比控制、矢量控制、直接转矩控制

注:◎—非常好;○—良好;△—不是很好;×—差。

123

新能源汽车上交流电机最常用的控制方法是矢量控制。典型的矢量控制方法是磁场定向控制(field-oriented control,FOC),它是一种利用变频器控制三相交流电机的技术,参考直流电机控制中励磁电流和转矩电流完全解耦分别控制的形式,基于磁场等效原则,通过矢量变换将交流电机数学模型重构为一台他励直流电机,即在同步旋转的参考坐标内将交流电机定子电流变换为两个正交直流量,分别是励磁(d轴)分量和转矩(q轴)分量,从而实现解耦控制,以获得与直流电机一样的动态调速性能,即通过控制定子电流实现定子磁场和电磁转矩的控制。

矢量控制算法策略如图4-2-1所示,可进一步细分为定子电流控制算法(区域4)、坐标变换(区域2/3/6)、电源调制算法(区域7)、参数估算算法(区域1/5)、故障保护算法等算法模块。在该系统中,首先通过参数估算算法得到实际的位置和速度,同时设定目标转速,并使用定子电流控制算法来生成d轴和q轴的电流,通过霍尔电流传感器检测电机的相电流值。系统通过坐标变换(Clark和Park变换)将电流转换到d-q坐标系下,再用PI调节器控制i_d、i_q电流,并通过Park逆变换得到电压指令。最后,系统使用电源调制算法生成PWM信号,并将信号传送给永磁同步电机,以控制电机的相电压,实现对转矩的精确控制。

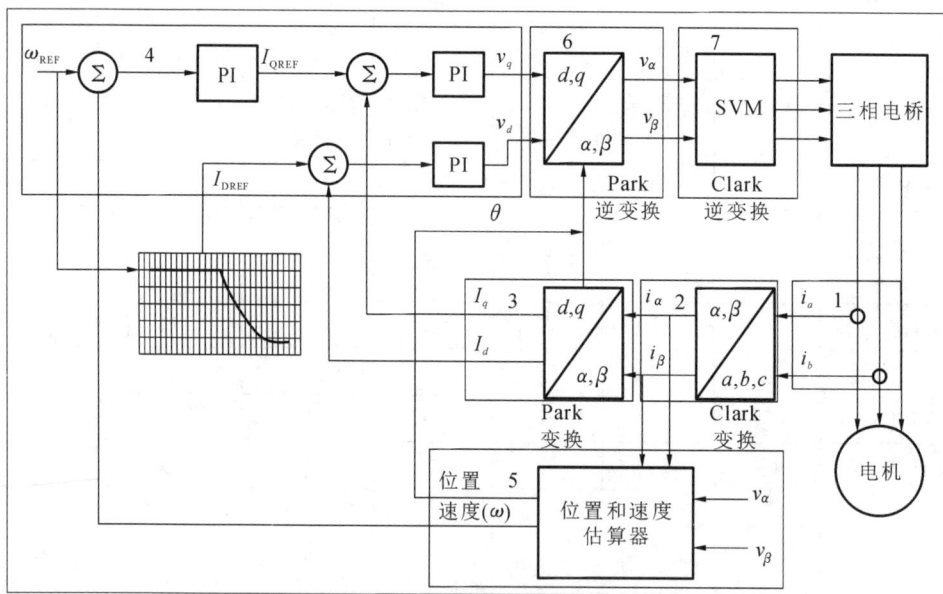

图4-2-1　矢量控制原理图

基于矢量控制,电机电磁转矩计算公式如下:

$$T_e = \frac{3}{2} n_p [\psi_f i_q + (L_d - L_q) i_d i_q]　　　(4-2-1)$$

式中,T_e表示电机电磁转矩;n_p表示电极对数;ψ_f表示永磁体磁链;i_d表示d轴电流;i_q表示q轴电流;L_d表示d轴电感;L_q表示q轴电感。

由式(4-2-1)可见,电机的电磁转矩只与两个因素有关:一是电机的固有参数(L_d,L_q,P,ψ_f);二是电流两个分量的幅值或相位。换句话说,对于一个参数确定的电机而言,其电磁转矩只取决于定子电流的大小和相位,或者说完全取决于两个电流分量的大小。

要产生一定的转矩,可以用无数种不同的交直轴电流 i_d/i_q 组合来实现。采用不同的交直轴电流组合可以得到同样的电磁转矩。

1) 定子电流最优控制

定子电流控制算法的目标是把期望的转矩分解为交直轴电流 I_d 和 I_q,见矢量控制原理图(图4-2-1)中的区域4所示。在新能源车上,期望转矩来源于车辆的加速踏板开度。车辆在不同工况下,对于转矩动力经济性指标的需求均不相同。根据车辆工况特点和驱动电机特性,在不同转速段或工况区域,所采用的定子电流最优控制策略均不同,从而得到不同的交直轴电流 I_d/I_q 组合。

(1) 在恒转矩区域,如图4-2-2所示,多采用MTPA(最大转矩电流比)控制,以达到用最小电流输出最大转矩的效果。当然,在特殊情况下,也会采用 $I_d=0$ 控制或 $\cos\theta=1$ 控制等电流分配策略。MTPA控制是一种保持电机输出转矩不变的控制策略,这种策略充分利用电机的凸极特性产生的磁阻转矩来使单位电枢电流所产生的输出电磁转矩最大化,从而在恒定转矩条件下使给定电流最小化。MTPA控制通过提升电机控制的整体效率,充分利用转子磁路结构的不对称性产生的磁阻转矩,使得单位电流产生的转矩达到最大,进而提高系统效率。

(2) 在恒功率区域,普遍采用弱磁控制,即通过调节 I_d 来弱化磁场,达到提速效果。

(3) 在高速降功率区域,采用MTPV(最大转矩电压比)控制,又叫最大功率控制。MTPV控制与MTPA控制类似,也是一种最优控制,在输入同等电压的情况下,电机的输出转矩最大。该控制策略一般在基速以上的深度弱磁区使用,属于弱磁控制,能够规划电流沿着MTPV曲线运行,进而保持最大功率输出。

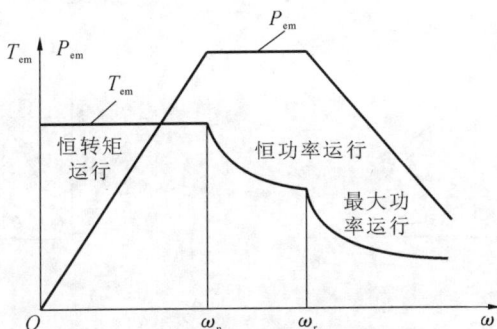

图4-2-2 电机外特性

通过定子电流控制算法得到 I_d/I_q 给定值后,I_d/I_q 将与电流采样值 I_d'/I_q' 进行比较,得到的差值将作为电流环PI调节器(图4-2-1中区域4)的输入,运算之后得到电压给定值 U_d/U_q,即作用在电机上的电压矢量,最终实现对电机定子电流的控制。

2) 坐标变换

从矢量控制原理图中可以看出,电流环中PI调节器得到的 U_d/U_q 给定值并不能直接通过IGBT输入给电机,需转换成三相电压才行。同样地,采样得到的三相电流也不能直接与I_d/I_q给定值进行反馈比较,也需要转换成交直轴电流才可以。

为了简化三相静止坐标系下PMSM复杂的数学模型,采用经典的矢量控制策略,在与磁场同步旋转的坐标系上,将电机定子电流分解为沿着磁场方向的励磁电流分量和与磁场方向正交的转矩电流分量。这两个分量分别用来产生主磁通及电磁转矩,实现了磁链与转矩的独立控制,使得PMSM具备与直流电机相媲美的转矩控制性能。

为实现定子电流的解耦控制,将复杂的三相PMSM模型简化为两相PMSM模型,依据坐标变换理论,利用Clark变换和Park变换将定子侧电压、电流及磁链等交流变量由三相静止坐标系变换到两相同步旋转坐标系上,如图4-2-1中的区域2/3/6所示。该过程包含两步变换:第一步将交流变量从三相静止坐标系(3S坐标系)变换到两相静止坐标系(2S坐标系),即Clark变换;第二步从两相静止坐标系(2S坐标系)变化到两相同步旋转坐标系(2R坐标系),即Park变换。通过这种变换方式,消除了PMSM数学模型中的交变电感项,解决了PMSM非线性状态方程难以直接分析的难题。

采用Clark和Park变换后,可以把三相电流矢量恒幅值转换为交直轴电流矢量,进而可以在转子旋转坐标系上进行励磁磁场大小控制和电磁转矩大小控制;也可通过Clark和Park逆变换,把U_d/U_q给定值进一步转换为IGBT可识别的三相电压$U_a/U_b/U_c$给定值。

Clark转换是一种实现从三相静止坐标系($a/b/c$)到两相静止坐标系(α/β)的坐标变换方法,简称3S/2S变换[见图4-2-3(a)],这是一种相似变换。其变换矩阵如下(若变换前后功率不变,则变换系数为$\sqrt{2/3}$;若变换前后矢量不变,则变换系数为2/3):

$$C_{3S/2S} = \frac{2}{3}\begin{bmatrix} 1 & -\dfrac{1}{2} & -\dfrac{1}{2} \\ 0 & \dfrac{\sqrt{3}}{2} & -\dfrac{\sqrt{3}}{2} \end{bmatrix}, C_{2S/3S} = \begin{bmatrix} 1 & 0 \\ -\dfrac{1}{2} & \dfrac{\sqrt{3}}{2} \\ -\dfrac{1}{2} & -\dfrac{\sqrt{3}}{2} \end{bmatrix} \tag{4-2-2}$$

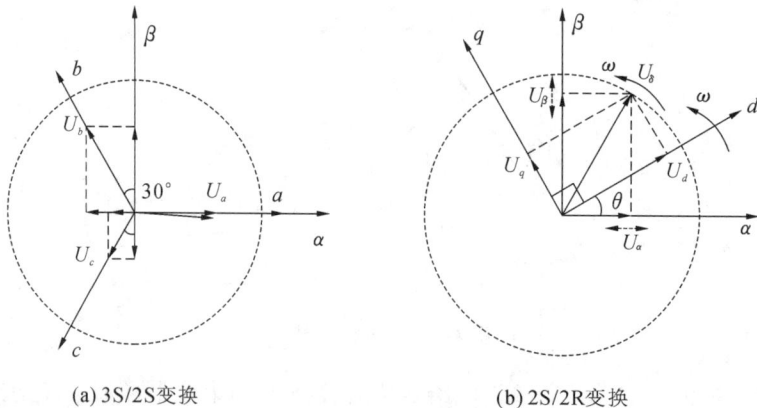

(a) 3S/2S变换   (b) 2S/2R变换

图4-2-3 3S/2S变换、2S/2R变换

Park转换是一种实现从两相静止坐标系到两相旋变坐标系的坐标转换方法,简称2S/2R变换,这是一种相等变换。

假设2S坐标系的α轴和2R坐标系的d轴间的夹角为θ,如图4-2-3(b)所示,把两个坐标系画在一起,可得到变换矩阵以及逆变换矩阵为

$$P_{2S/2R} = \begin{bmatrix} \cos\theta & \sin\theta \\ -\sin\theta & \cos\theta \end{bmatrix}, \quad P_{2R/2S} = P_{2S/2R}^{-1}\begin{bmatrix} \cos\theta & -\sin\theta \\ \sin\theta & \cos\theta \end{bmatrix} \qquad (4\text{-}2\text{-}3)$$

以上简单分析了静止坐标系与同步旋转坐标系中各变量之间的关系。需要再次说明的是,坐标变换的原理在于将三相电流解耦到两个互相垂直的方向,即 d 轴和 q 轴(I_d 和 I_q),这样做可以简化控制过程,类似于控制直流电机一样。通过分别控制转矩电流(I_d)和励磁电流(I_q),可以控制转矩的大小和方向,从而实现对交流电机的有效控制。

3)电源调制算法(IGBT控制/调制)

电机控制中的控制指的是通过主控芯片输出6路PWM信号,通过控制功率模块IGBT各桥臂的通断,把直流电源转换为设定频率幅值的交流电源,达到控制电机按照要求的转矩或转速旋转的目标,如图4-2-4所示。

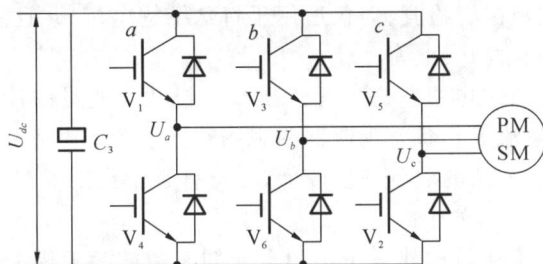

图4-2-4 逆变电路

为了得到最终输入永磁同步电机的三相正弦交流电,需要采用一定的调制技术(如图4-2-1中的区域7所示)。现有的调制技术包括空间矢量脉冲宽度调制(SVPWM)和正弦脉冲宽度调制(SPWM)技术等,工程中一般选择性能较优的SVPWM技术进行调制。SVPWM技术通过控制逆变器中6个功率开关器件按一定规律导通或者截止,从而实现对电机的精确控制。这种方法能够使逆变器输出与给定的空间电压矢量相匹配的电压,进而控制电机的电压和频率。若将空间电压矢量在空间上按一定频率旋转,可以变换得到与电压相差$2\pi/3$电角度的正弦电流。将这个正弦电流输入永磁同步电机绕组就可以在空间上获得旋转的圆形磁场。

SVPWM是一种广泛应用的调制技术,与传统的脉冲宽度调制(PWM)有明显区别。尽管名字与PWM相似,但SVPWM并不依赖实际的载波信号。相反,它利用功率IGBT开关的控制状态和计算公式生成一种模拟脉冲宽度调制波的波形。与传统的PWM技术相比,SVPWM具有以下优点:①提供了更高的电压利用率,允许输出更高的功率,从而提高系统效率;②可以实现更低的电压谐波和噪声,减小了电机系统的振动和噪声;③能够实现更精确的电机控制,并提高动态响应效率和鲁棒性;④可以在不同工作模式下灵活地调整电机的运行状态,实现多种控制策略。

4)无感化技术

在交流电机的矢量控制系统中,为了实现高动态响应、精确的速度控制和高效率等控制目标,获取电机转子的位置和速度反馈信息是必不可少的,如图4-2-1中的区域5所示。

为优化车载电机的控制性能,从20世纪80年代起,国内外研究人员开始研究无位置传感器控制技术,通过易于获取的电机状态信息对转子位置信息进行重构及在线估测,由软件算法取代硬件传感器来实现转子信息的获取及控制。电机无位置传感器控制不仅能够降低系统成本,而且具有其他多项优点,例如:可以降低系统复杂性;提高系统鲁棒性和可靠性;避免噪声对系统的影响;减少系统的维护和使用成本;等等。目前,适用于PMSM的转子位置观测方法主要包括定子磁链估计法、高频信号注入法、状态观测器法、模型参考自适应法、扩展卡尔曼滤波器法、滑模观测器法和神经网络技术等。

采用定子磁链估计法获得电机转子磁极位置是通过计算永磁同步电机定子磁链空间矢量来实现的,故能避免转子侧参数的影响,从而可提高系统的鲁棒性。该方法计算量小,实现简单,但其精度依赖电机的定子侧参数,由于电机在低速状态下定子电压小,故存在电阻性压力降,从而导致估算精度降低。

高频信号注入法是利用永磁同步电机凸极效应,通过向电机注入高频电压(或电流)信号,计算磁饱和造成的电感变化来获取转子位置和速度信息的。该方法利于低速或零速的无传感器磁极位置检测,但仅适用于特殊结构电机,并且注入高频电压(电流)会引起转矩脉动、轴振动和噪声等。

状态观测器法是通过电机状态方程来实现电机状态变量的计算的,可以用于计算磁极位置、转速以及电流等。状态观测器的观测精度依赖于电机参数,由于电机参数变化和模型不确定性,该方法的观测精度较低,尽管有学者提出了在线估算电机参数的方法,但计算量大,实现还比较困难。

模型参考自适应法通过构建一个不包含未知参数的参考模型,并将其输出与待估计参数的可调模型输出进行比较,设计合适的自适应规律来实时调节模型的参数。这样可以使控制对象的输出精确地跟踪参考模型的输出。该方法计算量大,且精度依赖于所构建的参考模型,在实际应用时往往很难收敛。

扩展卡尔曼滤波器法对测量噪声有滤波作用,具有很好的动态特性和抗干扰作用,可以提高估算精度,且该算法是递推结构,易于在数字系统中应用。但是该算法复杂,计算量大,不易确定其随机误差统计参数。

滑模观测器法具有结构简单、易于应用等优点,是一种具有发展前景的无位置传感器电机控制方法。滑模变结构控制是苏联学者Emeleyanov和Utkin等于20世纪60年代提出的一种非线性控制方法,由于滑动模态可进行设计,并且与被控制系统参数和外部扰动无关,因而滑模控制系统对内部参数摄动和外部干扰具有较强的鲁棒性和较高的控制精度,并且实现简单。因此,滑模控制技术受到各国学者关注且得到了广泛应用,该技术在电机控制领域的应用研究越来越受到重视。

神经网络技术在系统参数辨识方面具有优越性,近年许多学者尝试将神经网络技术应用于无位置永磁同步电机控制系统中,如采用神经网络对永磁同步电机转子位置信息进行在线辨识,实现了无位置传感器永磁同步电机的控制,但计算量大,目前还未在工程上应用。

【实践知识】

1. 交流电机控制器的外部接口认知

根据实际情况选取交流电机控制器,学生分小组认识交流电机控制器的各个外部接口(辨别高、低压接口),并能理清主要线路连接关系及其作用。

2.交流电机控制器的内部结构认知

根据实际情况选取交流电机控制器并拆开,学生分小组认识交流电机控制器的内部结构,要求能指出电流传感器、VTOG高压电控主板、IGBT模块、正极霍尔电流传感器、主接触器、超级电容、放电电阻等器件。

【学习小结】

通过本任务的学习,你学会了什么呢?

本学习任务介绍了交流电机控制技术的特点和交流电机控制算法,详细介绍了定子电流最优控制策略、坐标变换方法、电源调制算法(IGBT控制-调制)、无感化技术等理论知识。

思考与练习

一、填空题

1.对于电机控制器中的PID控制器,P、I、D分别代表＿＿＿＿控制、＿＿＿＿控制、＿＿＿＿控制。

2.电机控制器的作用是调节电机的＿＿＿＿和＿＿＿＿,以实现所需的运行特性。

3.电机控制器中的PWM技术指的是＿＿＿＿宽度调制,通过控制电源开关时间来调节输出电压或电流。

4.电机控制器中的＿＿＿＿功能可以根据需要将电机的输出信号转换成不同的形式。

5.电机控制器中的保护功能包括过流保护、过热保护和＿＿＿＿保护等。

二、判断题

1.交流电机的定子绕组通以直流电流来产生磁场,转子则受到磁场的作用而旋转。
（　　）

2.PID控制器中,P代表比例控制,I代表电流控制,D代表电压控制。　（　　）

3.电机控制器中的信号调理功能可以根据需要将电机的输出信号转换成不同的形式。
（　　）

4.电机控制器的矢量控制技术可以独立控制电机的磁通和转矩。　（　　）

三、问答题

1.简述PWM技术的原理及其在电机控制中的作用。

2.简述电机控制器中的PID控制器是如何调节电机的输出信号来实现稳定控制的。

【任务工单4.2】 新能源汽车交流电机控制器认知

任务名称	交流电机控制器认知		学时	4学时	班级	
姓名			学号		成绩	
任务描述	现有一辆搭载交流电机的新能源汽车出现故障,初步判断是交流电机控制器内部部件损坏,如果要换件是需要征求客户意见的,现需要你联系客户并提出对损坏部件的处理意见。在联系之前,你需要做哪些准备工作呢?					
任务目的	根据任务要求认知交流电机控制器。					
车辆信息描述	VIN码			车辆行驶里程		
	电机型号			电机控制器型号		

任务实施过程记录

一、资讯

在进行具体工作前,需要掌握交流电机控制器的相关知识,请查阅相关资料回答下列问题:

(1)SVPWM技术通过控制_____中6个功率开关器件按一定规律导通或者截止,从而实现对电机的精确控制。

(2)_____算法的目标是把期望的转矩分解为交直轴电流 I_d 和 I_q。

(3)电机控制器中的_____功能可以检测和防止由于电压过高导致的电机损坏。

(4)交流电机控制器中的_____技术可以通过改变电源开关的占空比来调节输出电压。

(5)交流电机控制的本质实际上就是控制电机的_____,进而控制电机的转速和位移。

二、决策与计划

请根据任务要求,确定所需要的检测仪器、工具,并对小组成员进行合理分工,制订详细的诊断和修复计划。

1.实训要求

(1)了解并遵守实训室的安全规定,规范使用设备,确保自己和其他人员的安全。

(2)操作过程中应选择合适的工具并规范使用。

(3)明确操作流程,并按照标准化的操作流程进行作业。

(4)与任课老师积极交流,与同学协调配合,营造和谐的课堂气氛。

(5)遵守6S管理制度,实操完毕后对工具和设备进行整理和清洁。

(6)操作过程中产生废弃物料时,须按照环保要求进行分类和处理。

2.设备、工具及耗材

序号	设备与资料	工具及数量	耗材

3.小组成员分工

以 3~5 人为一组,选出组长并进行任务分工,将小组成员分工情况填入下表。

小组成员	姓名	任务分工
组长		
组员		

4.工作计划

序号	作业项目	操作要点

三、实施

序号	检查项目	检查结果	原因/维护措施
	防护用具检查		
1	安全帽是否完好		
2	护目镜是否完好		
3	绝缘手套是否完好		
4	绝缘鞋是否完好		
	作业前整车安全防护		
1	规范着装		
2	铺设防护四件套		
3	放置安全警示牌		
4	放置车辆挡块		

序号	检查项目	检查结果	原因/维护措施
	工具仪表检测		
1	万用表、绝缘检查仪是否正常		
2	故障诊断仪是否正常		
3	绝缘工具是否完好、齐全		
	工作前整理清洁工作		
1	电机控制器外部吹风清扫干净		
2	工具设备摆放整齐		
	熟悉技术资料及操作要领		
1	熟悉该项目维修手册、电路图		
2	熟悉工具操作方法、操作规范		
	测量绝缘地垫的绝缘电阻		
1	绝缘地垫的绝缘电阻	_____ Ω □正常 □异常	
	对电机控制器三相线进行验电		
1	下电：点火开关置于 OFF 挡，拔掉维修开关，等待 5 min 以上		
2	断开辅助蓄电池，拆掉配电盒		
3	拆掉电机控制器外部的连接线		
4	使用万用表对电机控制器三相线进行验电		
	识别外部高、低压接口		
1	识别外部高、低压接口及线路连接关系，填写所指端子的名称 	1._____ 2._____ 3._____ 4._____	

续表

序号	检查项目	检查结果	原因/维护措施
	识别内部各组成		
1	拆卸外壳的固定螺栓,去掉电机控制器外罩壳		
2	识别内部各组成部分及控制连接关系,填写所指器件的名称	1.＿＿＿＿＿＿＿ 2.＿＿＿＿＿＿＿ 3.＿＿＿＿＿＿＿ 4.＿＿＿＿＿＿＿ 5.＿＿＿＿＿＿＿	
	装复电机控制器		
1	装上电机控制器外罩壳,装上固定螺栓		
2	连接电机控制器外部插接件		
	试车确认正常		
1	恢复车辆,试车,确认全车工作正常		
	素质6S管理		
1	清理工具,归位,清理现场		

若发现部件有损坏或有部件达到更换周期,请将更换步骤填入下表。

序号	操作内容及步骤	遇到的问题及解决方法

四、考核评价

考核评价表

考评项目	考评内容	配分	评分		
			自评	互评	师评
职业素养 （40分）	考勤、着装	6			
	安全意识	8			
	责任、服务意识	8			
	团队意识	5			
	组织纪律	5			
	环境卫生	8			
技能操作 （60分）	操作规范	12			
	表达熟练程度	12			
	资料查找	12			
	资料整理	12			
	任务完成情况	12			
合计		100			
总评	自评（30％）+互评（30％）+师评（40％）		综合成绩：		

五、任务小结

请简述实训过程中存在的问题点及改进建议。

思政园地

复兴号研发幕后团队：打造领跑世界的高速列车

复兴号电机是什么

复兴号是中国自主研发的一款高速列车，复兴号CR400系列有CR400AF和CR400BF两种型号，型号中的"400"为速度等级代码，代表该型号动车组的试验速度可达400 km/h及以上，持续运行速度可达到350 km/h；"A"和"B"为企业标识代码，代表生产厂家；"F"为技术类型代码，代表动力分散电动车组。另外，技术类型代码还有J和N，其中，"J"代表动力集中电动车组；"N"代表动力集中内燃动车组。

复兴号的核心部件之一是电机。复兴号电机具有高效能、节能环保等特点，是中国高速列车技术的重要支撑。复兴号使用的电机是三相异步电机，也叫感应电机。这种电机由于结构简单、维护方便、效率高等优点，是目前列车动力装置中的主流。

在高速列车上，电机的作用是将电能转换为机械能，推动列车前进。复兴号使用的电机能够在200~350 km/h的速度范围内提供稳定的牵引力，保证了列车高速运行的安全性和可靠性。

复兴号智能动车组驶上青藏高原

2024年1月10日11时45分，武汉直达西宁的复兴号智能动车组列车首次驶向青藏高原，当日20时54分到达西宁。西宁、武汉两地直达列车的运行时间从23小时左右压缩至10小时以内，大幅缩短了"夏都西宁"与"江城武汉"的时空距离。

首次驶上青藏高原的CR400BF-Z型复兴号智能动车组，是我国自主研发生产的拥有完全自主知识产权的新一代动车组列车。列车外观采用传统文化中的龙凤图腾元素，以龙凤呈祥为主题，由"国旗红""故宫红""祥龙黄"三色彩带交织缠绕银灰色车身，寓意"龙腾四海、凤舞九天"。

CR400BF-Z型复兴号智能动车组

中国标准高速动车组的研发之路

2024年1月19日，"国家工程师奖"表彰大会在人民大会堂举行，中国国家铁路集团有限公司复兴号高速列车研发创新团队被授予"国家卓越工程师团队"称号。

　　复兴号高速列车研发创新团队以自主化、标准化为主要工作目标,累计开展了1.6万列次、170万公里、正负温差40摄氏度的试验,全面攻克了高速列车转向架系统、高速牵引制动系统、大带宽网络控制系统、流线型车体结构等关键核心技术,成功研制出复兴号高速列车,并实现时速350公里持续安全运营,树立了世界高铁商业运营新标杆。复兴号是新时代铁路科技创新的重大标志性成果,已成为推进强国建设、民族复兴伟业的"大国重器"。

　　"复兴号"飞驰的背后,是复兴号高速列车研发创新团队的不懈奋斗。他们以推动铁路科技创新事业为己任,攻坚克难、锐意进取,形成了以复兴号动车组为代表的一大批科技创新成果。

　　2012年,我国启动中国标准动车组设计早期研制工作。负责人周黎带领复兴号高速列车研发创新团队展开技术攻关。为了把关键核心技术掌握在自己手中,周黎提出"正向设计"的思路,建立起中国自己的动车组技术平台。如今,在中国标准动车组采用的254项重要标准中,中国标准占比为84%,整体设计和关键技术全部具有完全自主的知识产权。复兴号高速列车上线试验不久,偶发了300微秒通信中断故障。团队连夜组织专家开展跟踪维修。在连续168小时的执着坚守后,团队又捕捉到一次故障现象,并迅速找到解决方法,成功排除故障。从全面攻克高速列车牵引制动和网络核心技术,到突破持续高速高性能载运技术;从打造复兴号高速列车高端设计制造与运维平台,到创建高速列车技术标准和试验验证体系……复兴号高速列车研发创新团队不断突破多项关键核心技术,11个系统96项主要设备采用了统一的中国标准和型号。与既有动车组相比,复兴号高速列车的平稳性提升了8%,能耗降低了20%,整车服役寿命延长了50%,维修间隔延长了25%。2016年7月,郑徐高铁线上两趟列车以时速420公里成功交会及重联运行,标志着我国已全面掌握高速铁路核心技术;2017年6月,时速达350公里的中国标准动车组"复兴号"在京沪高铁线正式双向首发……

　　"复兴号"的每一个里程碑,都凝结着团队的智慧和汗水。如今,他们正瞄准未来高速铁路发展,开展新一代动车组CR450科技创新工程攻关。

新能源汽车电机控制器拆装与检修

【项目介绍】

本项目主要学习新能源汽车电机控制器拆装与检修的相关知识,包括电机控制器拆装和电机控制器检修2个学习任务。学习任务1重点介绍电机控制器的结构与工作原理,并讲解了新能源汽车电机控制器的拆装流程;学习任务2重点介绍新能源汽车电机控制器的常见故障,分析故障原因,并给出了故障诊断流程。

【教学目标】

知识目标

1. 熟悉新能源汽车电机控制器的结构与工作原理;
2. 掌握新能源汽车电机控制器的拆装步骤;
3. 掌握新能源汽车电机控制器的检修方法。

能力目标

1. 能够识别电机控制器内主要零部件,并介绍各个部件的特点;
2. 能够正确使用故障诊断仪读取数据流和故障码;
3. 能够熟练进行新能源汽车电机控制器的拆装;
4. 根据故障,能够熟练进行新能源汽车电机控制器的检修。

素养目标

1. 严格执行汽车检测规范,养成严谨科学的工作态度,培养精益求精的工匠精神;
2. 尊重劳动成果,具有创新探索的意识;
3. 养成总结训练过程和结果的习惯,为下次训练积累经验;
4. 养成交流沟通和团结协作的习惯,培养协作意识;
5. 严格执行6S现场管理,培养学生的规范意识和爱岗敬业的工作态度。

学习任务1　新能源汽车电机控制器拆装

【任务描述】

电机控制器是新能源汽车电机及控制系统的核心部件,其性能直接影响整车性能。

现有一辆比亚迪E5,无法行驶,师傅检查后认为是电机控制器出现了故障。如何按照规范流程对电机控制器进行拆装呢?

【理论知识】

1. 高压电控系统的组成

比亚迪E5电动汽车高压电控总成如图5-1-1所示,其外部接口说明如图5-1-2所示。

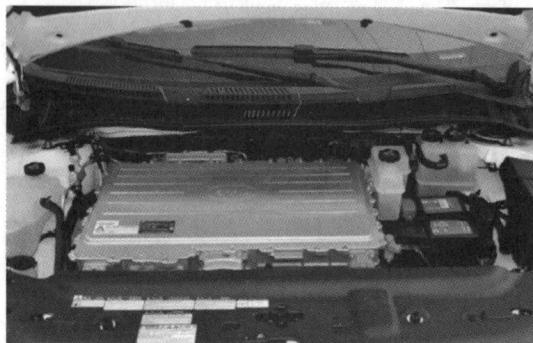

图5-1-1　比亚迪E5高压电控总成在车上的位置

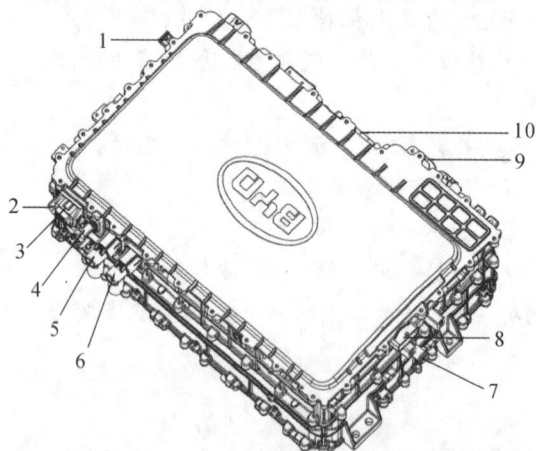

图5-1-2　比亚迪E5高压电控总成外部结构

1—DC直流输出插接件;2—高压输出空调压缩机插接件;3—33PIN低压信号插接件;
4—高压输出PTC插接件;5—动力电池正极母线;6—动力电池负极母线;7—入水管;
8—64PIN低压信号插接件;9—交流输入L1,N相;10—驱动电机三相输出插接件

高压电控总成采用内部集成设计,主要包含双向交流逆变式电机控制器(VTOG)、高压配电模块、漏电传感器、车载充电器(在高压电控总成下层,也称车载充电机)和DC/DC转换器,如图5-1-3所示。

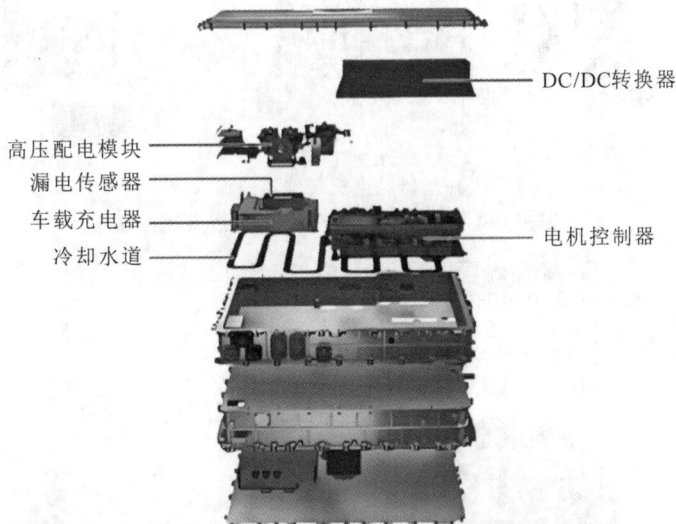

图 5-1-3　比亚迪 E5 高压电控总成结构图

高压电控总成的主要功能如下。

(1)负责控制高压交流电或直流电的双向逆变,以驱动电机运转,同时具备充放电功能,包括车辆到电网和车载充电器。

(2)能够将高压直流电转换为低压直流电,为车辆的低压电器系统提供稳定的电源(DC/DC转换)。

(3)承担整车高压回路的配电任务,并集成了高压漏电检测功能,确保车辆的安全性(通过高压配电箱和漏电传感器模块实现)。

(4)具备直流充电升压功能,以适应不同充电场景的需求。

(5)高压电控总成还集成了多种智能功能,包括CAN通信、故障处理记录、在线CAN烧写以及自检等,以提高车辆的智能化水平和可靠性。

2.电机控制器安装位置

比亚迪 E5 汽车电机控制器安装在前机舱动力总成的专用支架上。

3.电机控制器线束认知

(1)电机控制器线束分为高压线束和低压线束,包括高压直流电的输入、380 V三相交流电的输出和低压插接器,如图5-1-4所示。

(2)电机控制器高压线束及端子如图5-1-5所示,图5-1-5(a)所示的接高压控制盒的高压直流输出电源端子,共有四个针脚 A、B、C、D;图5-1-5(b)所示的两个单芯插件分别为电机控制器的直流高压电输入,分别是正极和负极端子。线束均为高压附件线束。

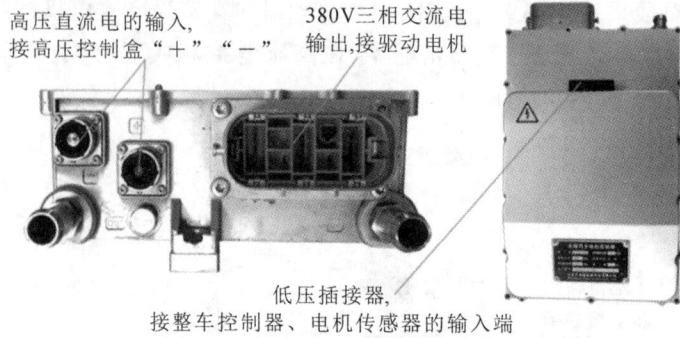

高压直流电的输入,
接高压控制盒"＋""－"

380V三相交流电
输出,接驱动电机

低压插接器,
接整车控制器、电机传感器的输入端

图5-1-4　电机控制器的高、低压线束插接器

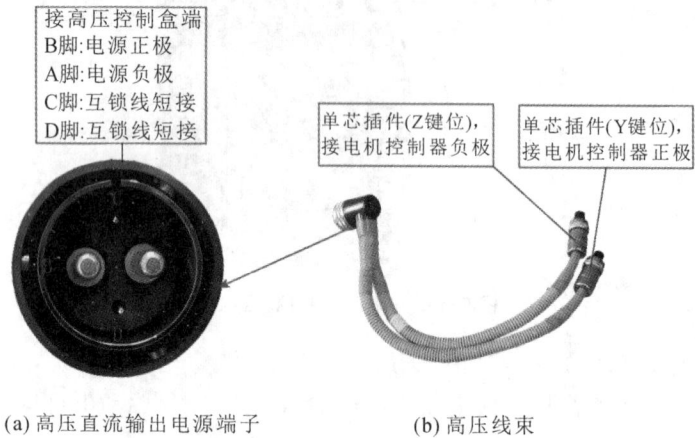

接高压控制盒端
B脚:电源正极
A脚:电源负极
C脚:互锁线短接
D脚:互锁线短接

单芯插件(Z键位),
接电机控制器负极

单芯插件(Y键位),
接电机控制器正极

(a) 高压直流输出电源端子　　　　(b) 高压线束

图5-1-5　电机控制器高压线束及端子

4. 电机控制系统的工作原理

在电机控制系统中,驱动电机的输出动作主要靠电机控制器给出的命令确定,即电机控制器输出的命令。电机控制器的主要作用是将输入的直流电逆变成电压、频率可调的三相交流电,供给配套的三相交流永磁同步电机使用,如图5-1-6所示。

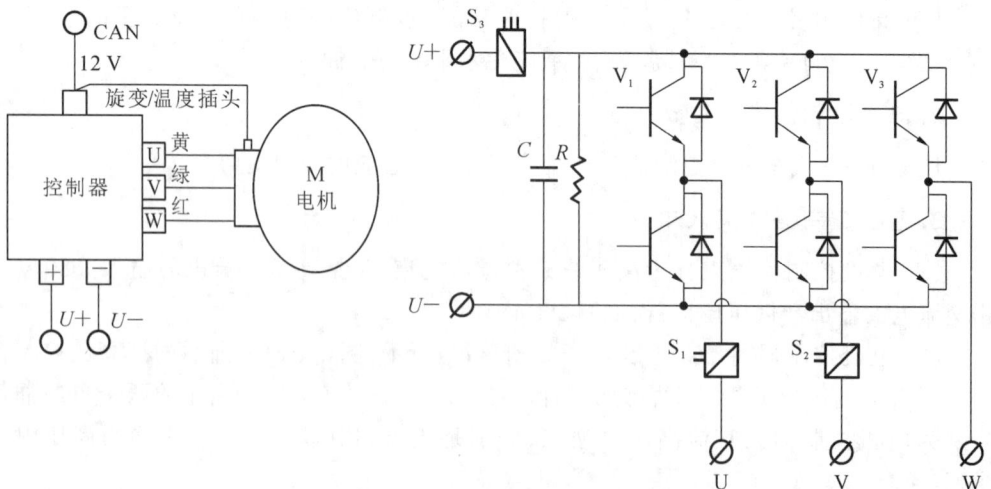

图5-1-6　电机控制系统电路

5. 比亚迪E5电动汽车电机控制器的结构

电机控制器是一个既能将动力蓄电池中的直流电转换为交流电(用于驱动电机),同时能将车轮旋转的动能转换为电能(给动力蓄电池充电)的设备。

比亚迪E5电机控制器为双向交流逆变式电机控制器(VTOG),主要包含控制板、驱动板、采样板以及用于平波的薄膜电容、DC模块的电感和电容、交流滤波电感、交流滤波电容、泄放电阻、预充电阻、电流霍尔传感器、接触器等元器件,如图5-1-7所示。

图5-1-7　VTOG内部结构

VTOG的工作电气特性见表5-1-1。

表5-1-1　VTOG的工作电气特性

电机控制器	最大功率	180 kW
	额定功率	90 kW
	电机类型	永磁同步电机
	额定输出电流	135 A
	额定工作点效率	97%
	高压输入电压	400～760 V DC(从720 V DC开始限功率)
交流充电	充电功率	40 kW(三相输入)/7 kW(单相输入)
	额定点充电效率	96%
	交流输入电压	单相:84～300 V AC 三相:145～520 V AC
	直流侧输出电压	390～760 V
	被动泄放	断电后高压电2 min之内降到<60V DC
	主动泄放	断电后高压电5 s之内降到<60V DC
	工作电压	10～16 V DC(额定电压为12 V DC)
	工作电流	<3.5 A
	静态功耗	<2 mA

6. 电机控制器工作模式

电机控制系统具有以下工作模式:

（1）转矩控制模式。

电机控制系统控制驱动电机轴向四象限的转矩。由于没有转矩传感器，因此，由VCU发送的转矩指令需要转换成为电流指令，并进行闭环控制。转矩控制模式只有在获得正确的初始偏移角度时才能启用。

（2）静态模式。

静态模式在电机控制器处于被动状态（待机状态）或故障状态时被激活。

（3）主动放电模式。

主动放电用于高压直流端电容的快速放电。主动放电指令来自VCU。

（4）DC/DC转换器直流转换。

电机控制器中的DC/DC转换器将高压直流端的高压转换成指定的直流低压（14V），低压设定值来自VCU指令。

（5）系统诊断。

当故障发生时，软件根据故障级别使电机控制器进入安全状态或限制状态。安全状态包括主动短路或FreeWheel模式，限制状态包括4个级别的功率/转矩输出限制。电机控制器软件中提供基于ISO-14229标准的诊断通信功能，见表5-1-2。

表5-1-2　电机控制器诊断通信

诊断项目	诊断内容
传感器诊断	电流传感器、电压传感器、温度传感器、位置传感器等故障诊断
电机诊断	电流调节故障诊断，电机性能检查，主动短路或空转条件不满足诊断，转子偏移角诊断等
CAN通信诊断	CAN内存检测，总线超时、报文长度、收发计数器的诊断
硬件安全诊断	相电流过电流诊断，直流母线过电压诊断，处理器监控等
DC/DC转换器诊断	DC/DC转换器传感器以及工作状态诊断

【实践知识】

1. 拆卸电机控制器

（1）将车辆退电至OFF挡，等待5 min。

（2）打开前舱盖，用14#套筒扳手拆除高压电控总成与前舱大支架之间的6个M10螺栓，如图5-1-8所示。

（3）戴上绝缘手套，依次拔除高压电控总成上的所有高、低压插接件。

（4）拆除高压电控总成冷却进、出水口以及排气管管路，并拆除左、右两根搭铁线。

（5）用抱装夹具将高压电控总成从前舱中抬出，如图5-1-9所示。

（6）拆下高压电控总成上盖的紧固螺栓，如图5-1-10所示。

（7）拔下控制板上连接低压线束的插头。

（8）拔下控制板上连接驱动板的线束插头。

（9）拔下电流传感器线束插头。

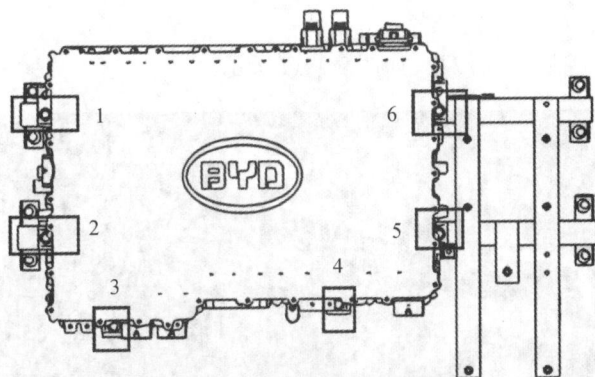

图 5-1-8　比亚迪 E5 高压电控总成与前舱大支架之间的 6 个 M10 螺栓

图 5-1-9　取下的高压电控总成

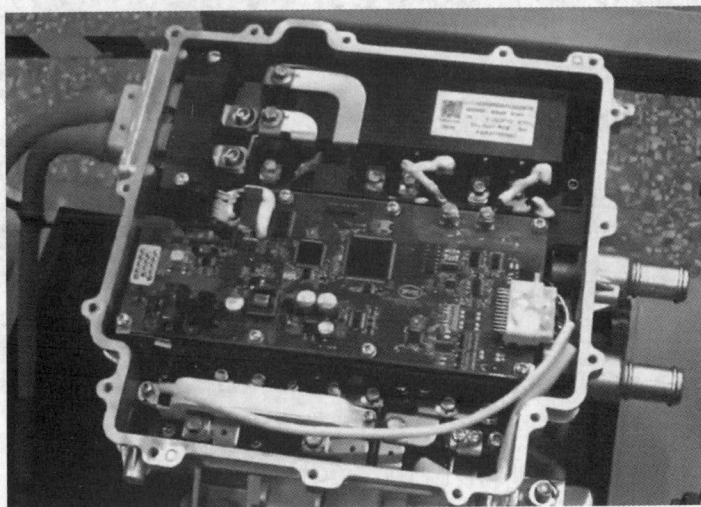

图 5-1-10　高压电控总成开盖后

（10）拆下屏蔽板4个固定螺栓。

（11）拆下电机控制器主控板，如图5-1-11所示。

图 5-1-11　拆下电机控制器主控板

（12）拆下主控板安装支架。

（13）拆下电流传感器，如图5-1-12所示。

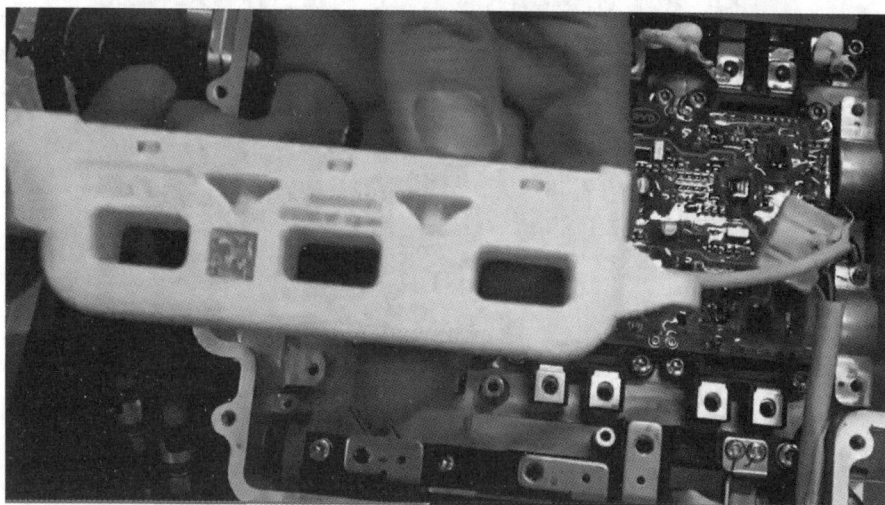

图 5-1-12　拆下电流传感器

（14）拆下IGBT驱动板和IGBT模块，如图5-1-13所示。

（15）拆卸完成后，电机控制器底部如图5-1-14所示。

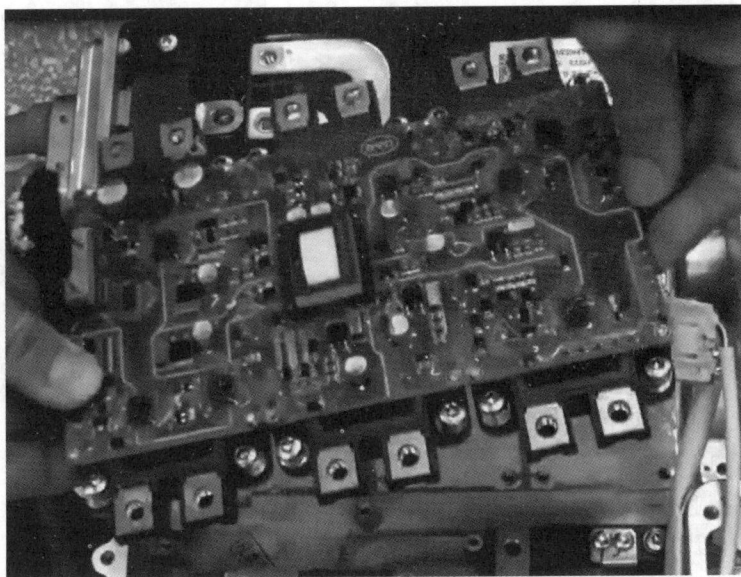

图 5-1-13　拆下 IGBT 模块

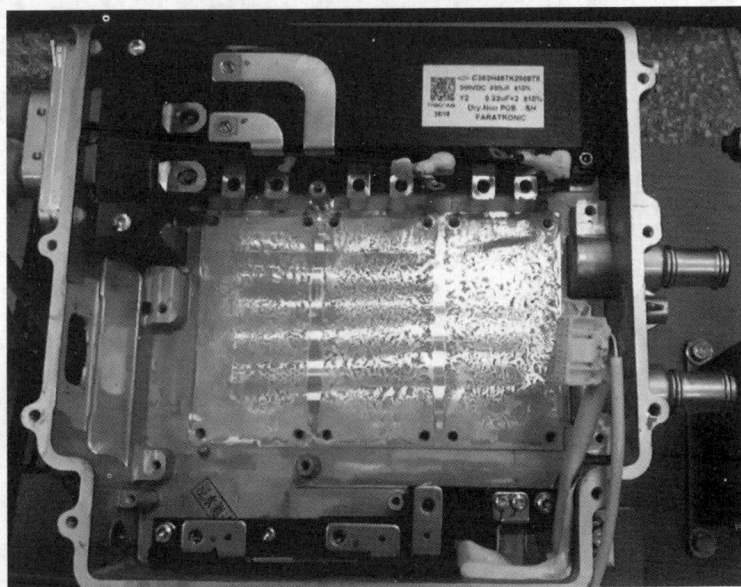

图 5-1-14　电机控制器底部

2. 安装电机控制器

按照拆卸的相反顺序安装电机控制器，此处不赘述。

【学习小结】

通过本任务的学习，你学会了什么呢？

本学习任务介绍了比亚迪 E5 高压电控系统的组成、电机控制器的安装位置、电机控制器线束、电机控制系统的工作原理、比亚迪E5电动汽车电机控制器结构、电机控制器工作模式等理论知识。实践部分详细讲述了电机控制器与其他总成部件断开连接的操作步骤。

思考与练习

一、填空题

1. 比亚迪E5高压电控总成采用内部集成设计,主要包含_____、_____、_____、_____和_____五个部分。

2. 电机控制器线束分为_____线束和_____线束,包括高压直流电的输入、380 V 三相交流电的输出和低压插接器。

二、问答题

1. 电机控制器由哪几部分组成?

2. 简述电机控制器的拆装步骤。

3. 比亚迪E5高压电控总成的主要功能包括哪些?

4. 简述电机控制器的工作模式。

【任务工单5.1】 新能源汽车电机控制器拆装

任务名称	新能源汽车电机控制器拆装	学时	4学时	班级	
姓名		学号		成绩	
任务描述	\multicolumn{5}{l}{现有一辆比亚迪E5轿车,无法行驶,师傅检查后认为是电机控制器出现了故障。如何按照规范流程对电机控制器进行拆装呢?}
任务目的	\multicolumn{5}{l}{根据任务要求,安全、规范地拆装电机控制器。}
车辆信息描述	VIN码		车辆行驶里程		
	驱动电机型号		驱动电机编号		

任务实施过程记录

一、资讯

在进行具体工作前,需要掌握电机控制器结构的相关知识,请查阅相关资料回答下列问题:

(1)_____是一个既能将动力蓄电池中的直流电转换为交流电(用于驱动电机),又能将车轮旋转的动能转换为电能(给动力蓄电池充电)的设备。

(2)比亚迪高压电控总成的主要功能包括_____、_____和_____等。

(3)电机控制器工作模式包括_____、_____和_____等。

(4)拆卸电机控制器时需要将车辆退电至_____挡,等待5 min。

(5)电机控制器中的_____转换器将高压直流端的高压转换成指定的直流低压(14 V),低压设定值来自VCU指令。

二、决策与计划

请根据任务要求,确定所需要的检测仪器、工具,并对小组成员进行合理分工,制订详细的诊断和修复计划。

1. 实训要求

(1)了解并遵守实训室的安全规定,规范使用设备,确保自己和其他人员的安全。

(2)操作过程中应选择合适的工具并规范使用。

(3)明确操作流程,并按照标准化的操作流程进行作业。

(4)与任课老师积极交流,与同学协调配合,营造和谐的课堂气氛。

(5)遵守6S管理制度,实操完毕后对工具和设备进行整理和清洁。

(6)操作过程中产生废弃物料时,须按照环保要求进行分类和处理。

2. 设备、工具及耗材

序号	设备与资料	工具及数量	耗材

3.小组成员分工

以 3～5 人为一组,选出组长并进行任务分工,将小组成员分工情况填入下表。

小组成员	姓名	任务分工
组长		
组员		

4.工作计划

三、实施

1.仪器检查

请按照规范依次检查仪器,并将检查方法与检查结果填写在下表中。

序号	检查仪器名称	检查方法	是否正常
1	绝缘手套	检查有无裂缝、损坏	是□ 否□
2	举升机		是□ 否□
3	故障诊断仪		是□ 否□
4	钳形电流表		是□ 否□
5	万用表		是□ 否□

2.操作准备

请将操作前准备内容填入下表。

准备内容	操作内容及步骤	其他说明
穿好防护装备		
车辆防护		
车辆高压断电		
排放冷却液		
放下车辆		

3.拆卸相关附件

请将相关内容填入下表。

拆卸内容	操作内容及步骤	遇到的问题及解决方法
拆卸保护盖		
拆卸刮水导液板		
拆卸刮水器总成		
拆卸前围上盖板		
拆卸散热器框架上饰板		

4.拆卸高压电控总成

请将拆卸步骤填入下表。

序号	操作内容及步骤	遇到的问题及解决方法

四、考核评价

考核评价表

考评项目	考评内容	配分	评分		
			自评	互评	师评
职业素养 （40分）	考勤、着装	6			
	安全意识	8			
	责任、服务意识	8			
	团队意识	5			
	组织纪律	5			
	环境卫生	8			
技能操作 （60分）	操作规范	12			
	表达熟练程度	12			
	资料查找	12			
	资料整理	12			
	任务完成情况	12			
合计		100			
总评	自评(30%)＋互评(30%)＋师评(40%)		综合成绩：		

五、任务小结

请简述实训过程中存在的问题点及改进建议。

学习任务2　新能源汽车电机控制器检修

【任务描述】

现有一辆比亚迪E5轿车，车辆行驶里程为9万公里，车主反映，车辆无法行驶，仪表出现故障提醒。师傅检查后认为是电机控制器出现了故障，你能检查出故障原因并排除故障吗？

【理论知识】

1.比亚迪E5高压电控总成的内部结构

高压电控总成是将纯电动汽车的双向交流逆变式电机控制器（VTOG）、车载充电器（OBC）、高压配电箱和DC/DC转换器这4个高压电控装置合为一体的系统，又称"高压四合一"系统。高压电控总成连接框图如图5-2-1所示。

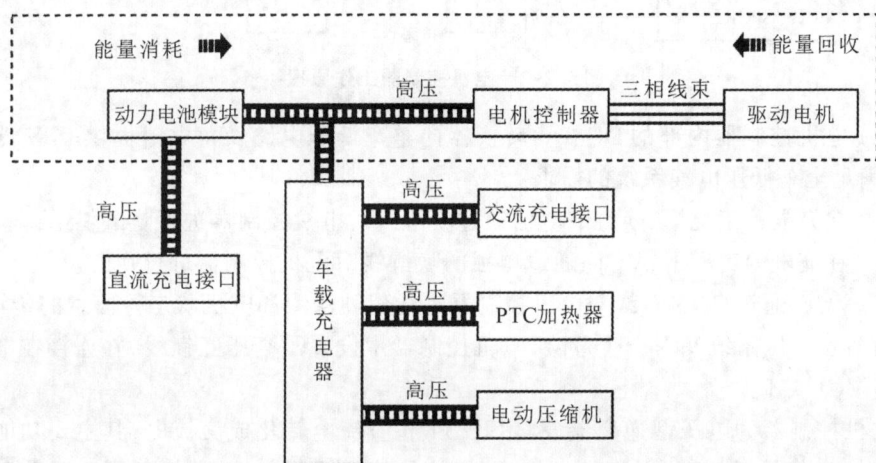

图5-2-1　高压电控总成连接框图

2.电机控制器的工作原理

电机控制器的工作原理如图5-2-2所示。

（1）比亚迪E5轿车电机控制器与驱动电机之间用三相交流高压线束连接，在行驶与制动时传递三相交流高压电。

（2）电机控制器与车载充电器内的分线盒之间用两相直流高压线束连接，在行驶与制动时传递两相直流高压电。

（3）电机控制器与驱动电机之间连有低压线束，主要传递电机温度信号和旋变信号等，用于判断当前电机的工作状态。

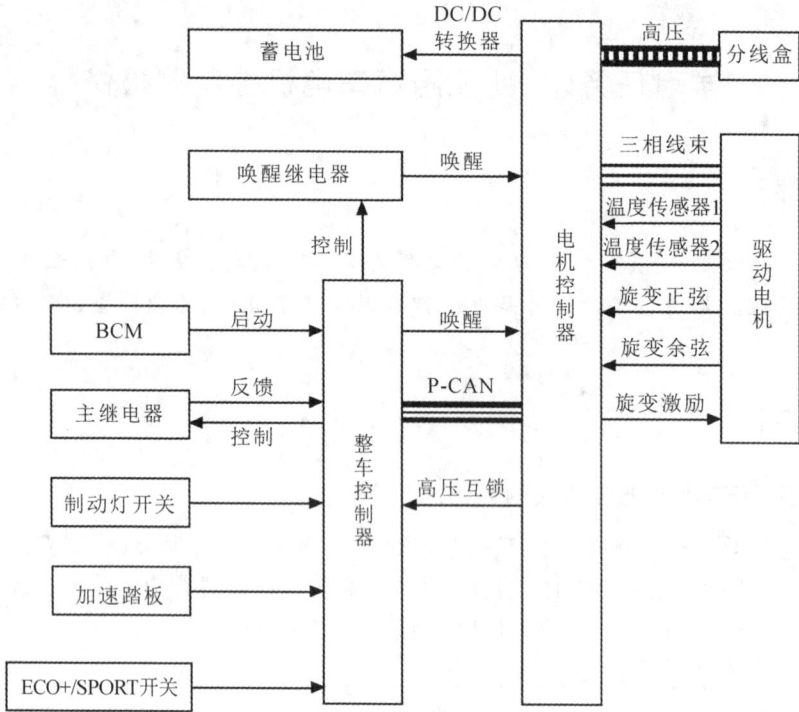

图 5-2-2　电机控制器工作原理

（4）电机控制器内部的 DC/DC 转换器向整车低压电路及蓄电池提供 14 V 低压直流电，满足全车低压电气系统的需求。

（5）在充电等工况下，唤醒继电器通过唤醒线对电机控制器进行唤醒供电。

（6）在充电等工况下，VCU 通过单独的唤醒线对电机控制器进行唤醒。

（7）VCU 通过 CAN 总线对电机控制器进行驾驶意图和电机状态等信息的传输。

为防止高压系统暴露产生危险，电机控制器中设置了高压互锁线，并连接在电机控制器与 VCU 之间。

电机控制器为电压型逆变器，利用 IGBT 将直流电转化成交流电，其主要功能是通过收集挡位信号、加速踏板信号、制动踏板信号等来控制电机，根据不同工况控制电机的正反转、功率、转矩、转速等，即控制电机的前进、倒退以及维持车辆的正常运转。此外，电机控制器还具备充电控制功能，能进行交直流转换和双向充放电控制。该控制器总成分为上、中、下 3 个单元，上、下层为电机控制单元和充电控制单元，中间层为水道冷却单元，如图 5-2-3 所示。

VTOG 的功能分为驱动控制与充电控制两大类型。

驱动控制（放电）：采集加速踏板、制动踏板、挡位、旋变等信号，实现前进、倒车、减速或制动时正反转发电功能；具有高压输出电压和电流控制功能；具有电压跌落保护、过电流保护、IPM 过温保护、IGBT 过温保护、功率限制、转矩控制等功能；具备电控系统防盗、能量回馈控制、主动泄放控制、被动泄放控制等功能。

(a) VTOG控制器上控制板(正面)

(b) VTOG控制器上控制板(背面)

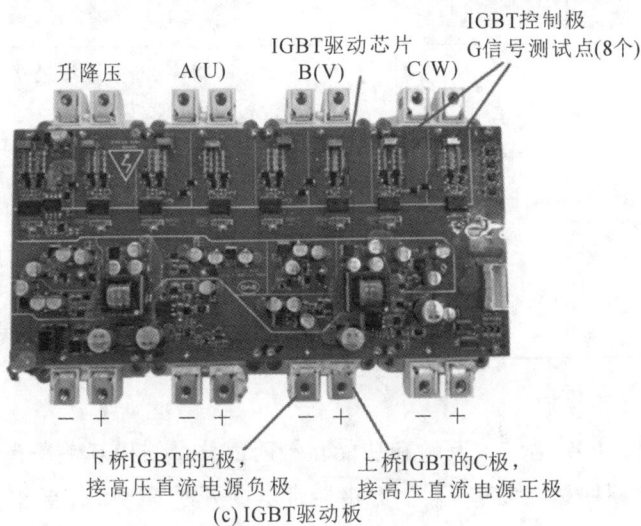

(c) IGBT驱动板

图5-2-3　电机控制器电路板

充电控制:具有交直流转换,双向充放电控制功能;具有自动识别单相、三相相序并根据充电电流控制充电方式的功能,能自动识别充电设备的充电功率并切换合适的充电方式,还能根据车辆或其他设备的请求信号控制车辆对外放电;具有断电重启功能,即在电网断电后又供电时,可继续充电。

原版的高压四合一车型在直流充电时,VTOG具有直流充电升压功能,从而可使用一些输出电压低于比亚迪E5轿车额定电压的通用直流充电柜进行充电。VTOG还具有CAN通信、故障处理记录、在线CAN烧写及自检等功能。显然,进行驱动控制时电机的三相接触器处于接通状态,而进行充电控制时电机的三相接触器处于切断状态。

3.电机控制器的工作过程

1)电机控制器保护

(1)碰撞断高压电保护。

如果车辆发生碰撞,BMS(电池管理系统)接收到安全气囊展开信号后,通过断开系统主接触器来切断高压电。

（2）漏电断高压电保护。

漏电传感器主要监测与高压电池相连接的正极母线或负极母线与车身底盘间的绝缘电阻,进而判定高压系统是否漏电。漏电传感器将漏电数据信息通过CAN通信发送给BMS和VTOG,然后采取相应保护措施。漏电判定及措施见表5-2-1所列。

表5-2-1　漏电判定及措施

高压回路正极或负极对搭铁的等效绝缘电阻值	漏电状态		措施
>500 Ω/V	正常		无
100～500 Ω/V	一般漏电报警		仪表灯亮,报动力系统故障
<100 Ω/V	严重漏电报警	行车中	仪表灯亮,断开主接触器、分压接触器、高压电池包内接触器和负极接触器
		停车中	（1）禁止上电; （2）仪表灯亮,报动力系统故障
		充电中	（1）断开主接触器、分压接触器、高压电池包内接触器和负极接触器; （2）仪表灯亮,报动力系统故障

（3）高压互锁保护。

高压互锁保护分为结构互锁和功能互锁两部分。结构互锁是指车辆的主要高压连接器均带有互锁回路,当其中某个连接器带电断开时,BMS便会检测到高压互锁回路存在断路,为保护人员安全,系统将立即进行报警并断开主高压回路电气连接,同时激活主动泄放。功能互锁是指当车辆进行充电或插充电枪时,高压电控系统会限制车辆不能通过自身驱动系统进行驱动,以防发生安全事故。

2015年生产的比亚迪E5轿车没有安装维修开关,2015年后生产的比亚迪E5轿车安装了维修开关,其高压互锁电路的示意图如图5-2-4所示。

安装维修开关的高压互锁电路依次将BMS的端子BK45(A)/1、PTC模块的端子B52/1和端子B52/2、高压电控总成的端子B28(B)/22和端子B28(B)/23、高压电池包的端子KxK51/29和端子KxK51/30、BMS的端子BK45(B)/7串联起来。高压电控总成的高压互锁回路依次经过母线"－"连接器、母线"＋"连接器、PTC线束连接器、空调压缩机线束连接器等。

（4）主动泄放保护。

VTOG能在5 s之内把预充电容电压降低到60 V以下,迅速释放危险电能,主动泄放模块的泄放电阻为7.5 Ω(标准)。

(a) 高压连接器的互锁保护实物图

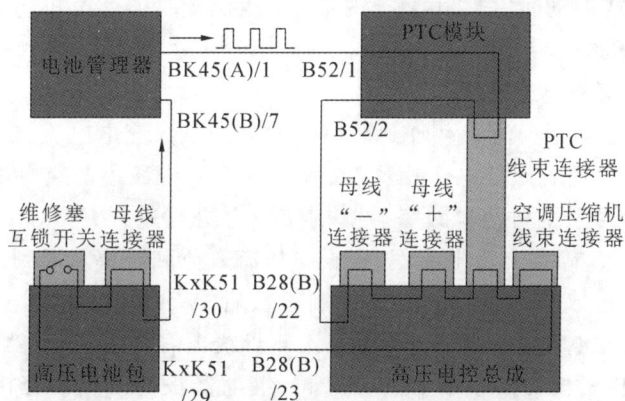

(b) 2015年后生产的比亚迪E5轿车高压互锁电路示意图

图5-2-4 比亚迪E5轿车高压互锁保护

（5）被动泄放保护。

VTOG能在2 min之内把预充电容电压降低到60 V以下,被动泄放是主动泄放失效的二重保护。被动泄放电阻(标准电阻值为75 kΩ)直接接于660 μF高压电容器正负极两端,上电后一直处于耗电状态,但电流很小,损耗可忽略不计。

2）上电过程

车身控制模块(MICU)采集到"制动踏板"与"启动按钮"命令后,由VTOG与无钥匙系统模块(Keyless-ECU)进行防盗认证,认证成功后吸合IG1继电器并发送"起动开始"报文,通过网关发送给VTOG控制器和BMS。BMS得电且收到报文后,BMS先吸合预充接触器并进行自检,检查是否存在严重欠压、严重过压、严重漏电、严重过温、接触器烧结、高压互锁锁止等异常情况,如果检测存在异常情况则上电失败,如果未检测到异常情况,则吸合负极接触器,高压电池的高压电经过与预充接触器串联的限流电阻加载到VTOG母线上,然后判断预充是否成功。VTOG检测到母线上的电压达到高压电池额定电压时,通过CAN通信向BMS反馈预充满信号。如果不预充而直接接通接触器,由于母线电容在通电瞬间相当于短路状态,流过接触器的电流过大,因而可能产生接触器烧结等不良后果。当无严重漏电信号、直流母线电压达到设定值且直流低压系统无低压警告时,BMS判定预充成功,BMS控制主接触器吸合,断开预充接触器,点亮OK指示灯,上电成功。

3）驱动电机时的原理

比亚迪E5轿车的高压电控总成有多种版本,根据年款等有所变化,分原版高压电控总成与简版高压电控总成。

比亚迪的漏电传感器有两种,一种接于正极,一种接于负极,两者不可互换。驱动电机时,三个电机接触器闭合,高压电经IGBT逆变桥(6个绝缘栅双极型晶体管在ON和OFF间切换)转换为交流电并输送给电机,利用旋转变压器技术和空间矢量脉冲宽度调制(SVPWM)控制算法来控制电机正转(前进)或反转(倒车)。

4）再生制动时的原理

车辆减速或制动时,电机由车轮驱动,再生制动功能使电机起到发电机的作用,将电能存储到高压电池中。

5）三相交流充电原理

系统收到充电指令时,VTOG将BMS允许的最大充电电流、供电设备最大供电电流和充电连接装置的额定电流相比较,判断这三者中最小的充电电流,自动选择充电相关参数。同时系统对供电设备输送的交流电进行采样,VTOG通过采样值计算出交流电压有效值,确定交流电频率,根据电压有效值和频率从而判断出交流电电制,再根据电网电制选取控制参数。确定控制参数后,VTOG控制继电器板的三相交流预充接触器和滤波电容继电器吸合,对直流侧母线电容进行充电,当电容电压达到规定值后吸合单相/三切换接触器,同时断开继电器板的三相预充接触器,此时VTOG发送PWM信号,控制双向DC/AC模块对交流电进行可控整流,再根据高压电池电压调节系统电路电压,最后把直流电输送给高压电池。在此过程中,VTOG根据预先选定的目标充电电流和电流采样反馈的相电流对整个系统进行电流闭环调节,实现对高压电池的充电。

6）直流充电原理

比亚迪E5轿车除了可采用交流充电方式外,还可选用直流充电的快速充电方式。

直流充电主要是通过充电站的充电柜将直流高压电通过直流充电口直接给高压电池充电。

当使用的直流充电柜最大输出电压小于高压电池电压时,直流充电升压器工作,将下桥臂的增压IGBT置于ON状态,使直流充电柜的电力为电感充电。电感存储了电能,将下桥臂的增压IGBT置于OFF状态,电感产生感应电动势,使电压升高至合适的充电电压,电流持续从电感中流出,通过上桥臂IGBT流入母线电容和高压电池。

4.电机控制器的常见故障及原因

电机控制器的常见故障及可能原因如表5-2-2所示。

表5-2-2　电机控制器的常见故障及可能原因

序号	故障现象	可能原因	维修方法
1	电机运行不平稳,发生抖动	1.相序不对; 2.电机缺相; 3.位置传感器故障	1.检查控制器与电机三相出线连接是否正确,是否与出线上的标记对应。 2.检查控制器与电机三相接线是否可靠连接。 3.检查电机位置信号连线是否完好,插头是否接触良好,以及端子是否完好
2	踩下加速踏板,电机不转	1.控制信号未输入; 2.位置传感器故障; 3.控制器温度过高	1.检查各开关信号是否到达控制器,以及加速踏板位置传感器供电是否正常,输出是否正常。 2.检查电机位置信号连线是否完好,插头是否接触良好,以及端子是否完好。 3.控制器温度过高将触发过温保护,等待控制器温度下降到正常值再拆机检查,检查风扇是否完好
3	挡位挂上后,在未踩加速踏板的情况下电机开始旋转,或踩加速踏板时感觉空行程过大	加速踏板位置传感器输出电压过高或过低	更换符合控制器要求的加速踏板位置传感器
4	仪表无挡位和转速信号,车辆可以正常运行	1.电机控制器CAN总线通信故障; 2.仪表故障; 3.线束故障	1.检查电机控制器插接件是否接触良好,端子是否完好。 2.检查仪表是否正常。 3.检查线束是否正常
5	没有故障码,车辆不能运行	1.电机控制器故障; 2.换挡机构故障; 3.制动踏板故障	1.检查电机控制器插接件是否接触良好,端子是否完好。 2.将变速操纵杆换到D挡和R挡,检查挡位信号是否正常,否则为换挡机构故障。 3.在不踩制动踏板的情况下,检查制动电压是否有12 V,如果有,则制动踏板有故障
6	电机控制器异响	电机控制器风扇故障	检查电机控制器风扇的防护罩,是否有凹陷或松动
7	车辆在正常运行过程中,突然出现动力中断,或者车辆时而运行时而不能运行	1.电机控制器故障; 2.换挡机构故障; 3.制动踏板故障	1.在故障出现时查看故障码,确认故障。 2.将挡位分别置于空挡、D挡和R挡,看仪表显示是否正确,若不正确,则检查挡位控制器。 3.当出现制动踏板故障信号时,检查制动电压是否为12 V

5.电机控制器故障判断

针对电机控制系统不工作的现象,其可能发生故障的部位主要包括:电机控制器高压电源电路、电机控制器低压电源电路、线束。

1)诊断流程

按图5-2-5所示流程对电机控制器进行诊断。

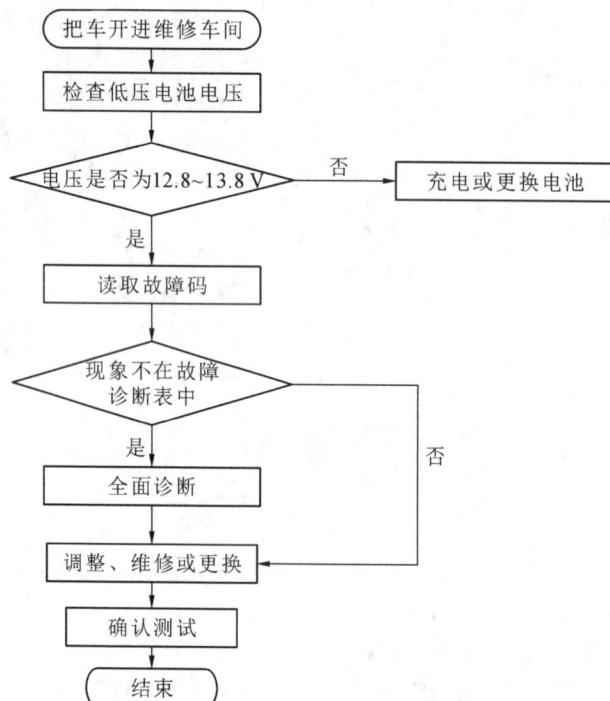

图5-2-5　诊断流程图

2)故障诊断码

常见的故障诊断码及其含义如表5-2-3所示。

表5-2-3　常见故障诊断码及其含义

序号	故障码 (ISO 15031-6)	故障定义	DTC值 (hex)
1	P1B0000	驱动IPM故障(Driving IPM Failure)	1B0000
2	P1B0100	旋变故障(Rotary Transformer Failure)	1B0100
3	P1B0200	驱动欠压保护故障(Driving Short-voltage Protection Failure)	1B0200
4	P1B0300	主接触器异常故障(Master Contactor Failure)	1B0300
5	P1B0400	驱动过压保护故障(Driving Over-voltage Protection Failure)	1B0400
6	P1B0500	IPM散热器过温故障(IPM Radiator Overtemprature)	1B0500
7	P1B0600	挡位故障(Gear Failure)	1B0600

序号	故障码 (ISO 15031-6)	故障定义	DTC值 (hex)
8	P1B0700	节气门异常故障(Throttle Abnormal)	1B0700
9	P1B0800	电机过温故障(Motor Overtemprature)	1B0800
10	P1B0900	电机过流故障(Motor Overcurrent)	1B0900
11	P1B0A00	电机缺相故障(Motor Lack-of-phase)	1B0A00
12	P1B0B00	EEPROM失效故障(EEPROM Mulfunction Failure)	1B0B00
13	P1B3100	IGBT过热(IGBT Overheat)	1B3100
14	P1B3200	GTOV电感温度过高(GTOV Inductor Overtemprature)	1B3200
15	P1B3400	电网电压过高(Grid Voltage Overhigh)	1B3400
16	P1B3500	电网电压过低(Grid Voltage Overlow)	1B3500
17	P1B3800	可自适应相序保护错误(Three-phase Voltage Sequence Error)	1B3800
18	P1B3900	交流电压霍尔异常(AC Voltage HALL Abnormal)	1B3900
19	P1B3A00	交流电流霍尔失效(AC Current HALL Abnormal)	1B3A00
20	P1B3B00	三相交流过流(Three-phase AC Overcurrent)	1B3B00
21	P1B4000	GTOV母线电压过高(GTOV Bus Voltage Overhigh)	1B4000
22	P1B4100	GTOV母线电压过低(GTOV Bus Voltage Overlow)	1B4100
23	P1B4300	GTOV母线电压霍尔异常(GTOV Bus Voltage HALL Abnormal)	1B4300
24	P1B4700	GTOV直流电流过流保护(GTOV DC Current Overcurrent Protection)	1B4700
25	P1B4900	GTOV直流电流霍尔异常(GTOV DC Current HALL Abnormal)	1B4900
26	P1B4A00	GTOV直流电流瞬时过高(GTOV DC Instantaneous Current Overhigh)	1B4A00
27	P1B4B00	GTOV-IPM保护(GTOV-IPM Protection)	1B4B00
28	P1B4C00	GTOV可恢复故障连续触发(GTOV Recoverable Failure Continue)	1B4C00
29	P1B4D00	GTOV可恢复故障恢复超时(GTOV Recoverable Failure Overtime)	1B4D00
30	U025F00	与P挡电机控制器通信故障(Failure to Communicate with P Controller)	C25F00
31	U029E00	与主控通信故障(Failure to Communicate with Main Controller)	C29E00
32	U011100	与电池管理器通信故障(Failure to Communicate with BMS)	C11100
33	U029D00	与ESP通信故障(Failure to Communicate with ESP)	C29D00
34	U012100	与ABS通信故障(Failure to Communicate with ABS)	C12100
35	U029F00	与OBC通信故障(Failure to Communicate with OBC)	C29F00
36	P1B6800	充电枪过温	1B6800
37	P1B6900	启动前交流过流	1B6900
38	P1B6A00	启动前直流过流	1B6A00
39	P1B6B00	频率过高	1B6B00

序号	故障码(ISO 15031-6)	故障定义	DTC值(hex)
40	P1B6C00	频率过低	1B6C00
41	P1B6D00	不可自适应相序错误保护	1B6D00
42	P1B6E00	直流预充满	1B6E00
43	P1B6F00	直流短路	1B6F00
44	P1B7000	直流断路	1B7000
45	P1B7100	电机接触器烧结	1B7100
46	P1B7200	CC信号异常	1B7200
47	P1B7300	CP信号异常	1B7300
48	P1B7400	IGBT检测故障	1B7400
49	P1B7500	交流三相电压不平衡	1B7500
50	P1B7600	交流三相电流不平衡	1B7600
51	P1B7700	电网电压零漂不过	1B7700
52	P1B7800	逆变电压零漂不过	1B7800
53	P1B7900	交流电流零漂不过	1B7900
54	P1B7A00	直流电流零漂不过	1B7A00
55	P1B7B00	SCI通信异常	1B7B00
56	U015500	与仪表CAN通信失效	C15500
57	P1EC000	降压时高压侧电压过高	1EC000
58	P1EC100	降压时高压侧电压过低	1EC100
59	P1EC200	降压时低压侧电压过高	1EC200
60	P1EC300	降压时低压侧电压过低	1EC300
61	P1EC400	降压时低压侧电流过高	1EC400
62	P1EC700	降压时硬件故障	1EC700
63	P1EC800	降压时低压侧短路	1EC800
64	P1EC900	降压时低压侧断路	1EC900
65	P1EE000	散热器过温	1EE000
66	U012200	与低压BMS通信故障	C12200
67	U011100	与动力电池管理器通信故障	C11100
68	U014000	与BCM通信故障	C14000
69	P1BF400	驱动电机控制器主动泄放模块故障	1BF400
70	U011000	与电机控制器通信故障	C11000
71	U011100	与电池管理器通信故障	C11100

序号	故障码 (ISO 15031-6)	故障定义	DTC值 (hex)
72	P150000	车载充电器输入欠压	150000
73	P150100	车载充电器输入过压	150100
74	P150200	车载充电器高压输出断线故障	150200
75	P150300	车载充电器高压输出电流过流	150300
76	P150400	车载充电器高压输出电流过低	150400
77	P150500	车载充电器高压输出电压低	150500
78	P150600	车载充电器高压输出电压高	150600
79	P150700	车载充电器接地状态故障	150700
80	P150800	车载充电器风扇状态故障	150800
81	P150900	DC逆变桥温度故障	150900
82	P150A00	PFC输出状态故障	150A00
83	P150B00	PFC桥温度故障	150B00
84	P150C00	供电设备故障	150C00
85	P150D00	低压输出断线	150D00
86	P150E00	低压蓄电池电压过低	150E00
87	P150F00	低压蓄电池电压过高	150F00
88	P151000	交流充电感应信号断线故障	151000
89	U011100	与动力电池管理器通信故障	C11100
90	U015500	与组合仪表通信故障	C15500

3）比亚迪E5变频器信号的检测和诊断

（1）低压插接件（64PIN）如图5-2-6所示，其端口定义见表5-2-4。

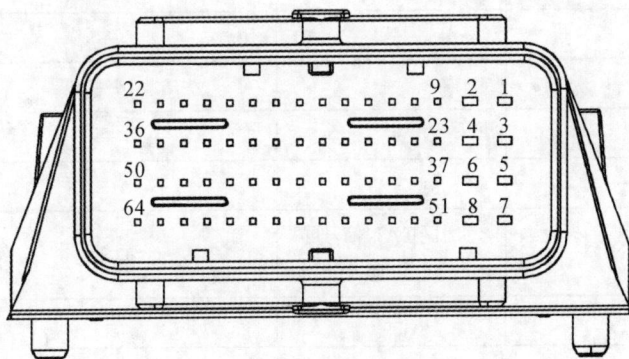

图5-2-6　低压插接件（64PIN）

表 5-2-4　低压插接件(64PIN)端口定义

引脚号	端口名称	端口定义	线束接法	电源性质
1	+12V0	外部提供ON挡电源	接IG3电	IG3双路电
2	+12V1	外部提供常火电	常电	常电
3	—	—	—	—
4	+12V0	外部提供ON挡电源	接IG3电	IG3双路电
5	—	—	—	—
6	GND	加速踏板深度屏蔽地	车身地	
7	GND	外部电源地	车身地	
8	GND	外部电源地	车身地	
9	—	—	—	—
10	—	—	—	—
11	—	—	—	—
12	—	—	—	—
13	—	—	—	—
14	—	—	—	—
15	STATOR-T-IN	电机绕组温度	电机B31-③	
16	—	—	—	—
17	DC-BRAKE1	制动踏板深度1	制动踏板BG28-1	
18	DC-GAIN2	加速踏板深度2	加速踏板BG44-1	
19	—	—	—	—
20	—	—	—	—
21	—	—	—	—
22	—	—	—	—
23	—	—	—	—
24	—	—	—	—
25	—	—	—	—
26	GND	动力网CAN信号屏蔽地	车身地	
27	—	—	—	—
28	—	—	—	—
29	GND	电机模拟温度地	电机B31-6	

引脚号	端口名称	端口定义	线束接法	电源性质
30	—	—	—	—
31	DC-BRAKE2	制动踏板深度2	制动踏板B28-8	
32	DC-GAIN1	加速踏板深度1	油门踏板BG44-4	
33	DIG-YL1-OUT	预留开关量输出1	空	
34	DIG-YL2-OUT	预留开关量输出2	空	
35	/IN-HAND-BRAKE	驻车制动器信号	预留	
36	—	—	—	—
37	GND	制动踏板深度屏蔽地	车身地	
38	+5V	制动踏板深度电源1	制动踏板BG28-2	
39	+5V	加速踏板深度电源2	加速踏板BG44-2	
40	+5V	加速踏板深度电源1	加速踏板BG44-3	
41	+5V	制动踏板深度电源2	制动踏板BG28-7	
42	—	—	—	—
43	SWITCH-YL1	预留开关量输入1	空	
44	—	—	—	—
45	GND	旋变屏蔽地	电机	
46	—	—	—	—
47	—	—	—	—
48	—	—	—	—
49	CANH	动力网CANH	动力网CANH	
50	CANL	动力网CANL	动力网CANL	
51	GND	制动踏板深度电源地1	制动踏板BG28-2	
52	GND	加速踏板深度电源地2	加速踏板BG44-6	
53	—	—	—	—
54	GND	加速踏板深度电源地1	加速踏板BG44-5	
55	GND	制动踏板深度电源地2	制动踏板BG28-9	
56	SWITCH-YL2	预留开关量输入2	空	
57	IN-FEET-BRAKE	制动信号	制动开关(接MICU-W14B2H-20)	
58	—	—	—	—
59	/EXCOUT	励磁一	电机B30-4	

续表

引脚号	端口名称	端口定义	线束接法	电源性质
60	EXCOUT	励磁+	电机B30-1	
61	COS+	余弦+	电机B30-3	
62	COS−	余弦−	电机B30-6	
63	SIN+	正弦+	电机B30-2	
64	SIN−	正弦−	电机B30-5	

（2）低压插接件(33PIN)如图5-2-7所示,其端口定义见表5-2-5。

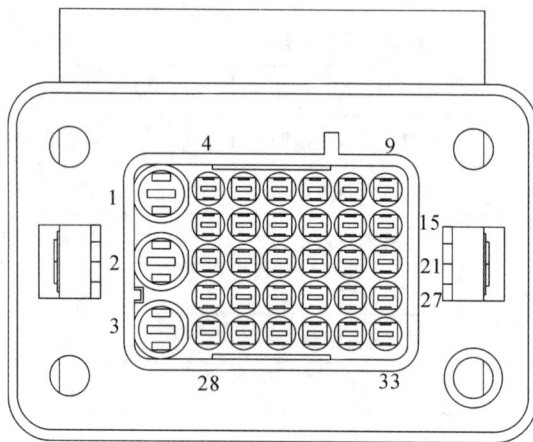

图5-2-7 低压插接件(33PIN)

表5-2-5 低压插接件(33PIN)端口定义

引脚号	端口名称	端口定义	线束接法	电源性质
1	CP	充电控制确认CP	接交流充电口	
2	—	—	—	
3	A+	充电感应信号	接BMS	
4	+12V0	双路电电源	接IG3电	IG3双路电
5	+12V0	双路电电源	接IG3电	
6	+12V	充电连接信号	接BCM	
7	CC	充电连接确认CC	接交流充电口	
8	GND	GND双路电电源地		双路电
9	GND	GND双路电电源地		
10	GND	GND直流霍尔屏蔽地	接BMS	
11	CC2	直流充电接触器烧结检测信号	接BMS	
12	GND	直流充电接触器烧结检测信号地	车身地	

164

续表

引脚号	端口名称	端口定义	线束接法	电源性质
13	GND	CAN屏蔽地		
14	CANH	CAN_H	动力网	
15	CANL	CAN_L	动力网	
16	+15V	直流霍尔电源＋	接BMS	
17	−15V	直流霍尔电源−	接BMS	
18	15V	直流霍尔信号	接BMS	
19	GND	充电口温度检测信号地	接车身地	
20	TEMP	充电口温度检测	接交流充电口	
21	—		—	
22	驱动/充电	高压互锁＋		
23		高压互锁−		
24	+12V	主接触器/预充接触器电源	接IG3电	
25	+12V	直流充电正负极接触器电源	接IG3电	
26	—		—	
27	—		—	
28	—		—	
29	DC-CH-PC	主预充接触器控制信号	接BMS	
30	DC-CH-P	直流充电正极接触器控制信号	接BMS	
31	DC-CH-N	直流充电负极接触器控制信号	接BMS	
32	DC-CH-M	主接触器控制信号	接BMS	
33	—		—	

【实践知识】

1.电机控制器通信网络线故障

1）故障现象

车主刘师傅有一辆比亚迪E5轿车,车辆行驶里程为9万公里,车主反映,车辆无法行驶,仪表出现故障提醒。

打开点火开关,仪表OK指示灯不亮报动力系统故障,车辆无法行驶。连接故障诊断仪,选择车型,读取故障码,诊断仪显示"ECU无响应,通信中断",报电机控制器通信故障。

2）故障分析

比亚迪E5电机控制器的通信原理图如图5-2-8所示。

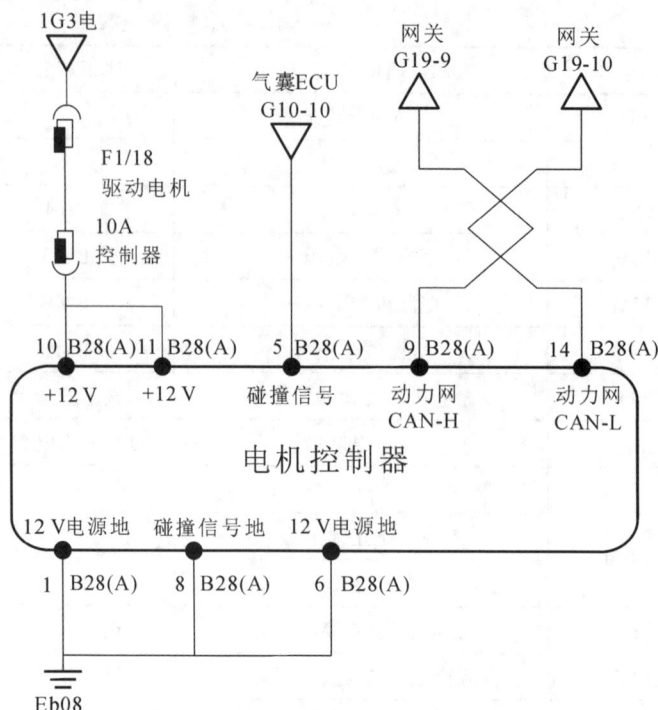

图 5-2-8　电机控制器的通信原理图

由比亚迪 E5 电机控制器原理,根据故障现象,可知引起故障原因可能有以下四种情况:

(1) 电机控制器连接插头松动;

(2) 电机控制器低压供电熔断丝烧损或线路断路;

(3) 电机控制器通信网络线故障或线路断路;

(4) 电机控制器本身烧损。

3) 故障诊断

按照故障排除从简单到复杂的原则,从机械器件到电子器件逐个进行判断,其流程图如图 5-2-9 所示。

(1) 使用故障诊断仪读取故障码。

① 操作启动开关使电源模式至 OFF 状态。

② 连接故障诊断仪,读取系统故障码。

(2) 检查电机控制器连接插头。

断开电机控制器线束插接器,检查电机控制器连接插头是否松动,若松动,紧固连接插头。

(3) 检查电机控制器低压供电熔断丝。

比亚迪 E5 电机控制器和 DC/DC 转换器模块有两个共用熔断丝,一个是上游熔断丝 F2/4,另一个是下游熔断丝 F2/32,分别进行检查。

① 将万用表置于测量电路挡位,黑表笔搭在熔断丝孔一侧,红表笔搭在熔断丝孔另一侧;

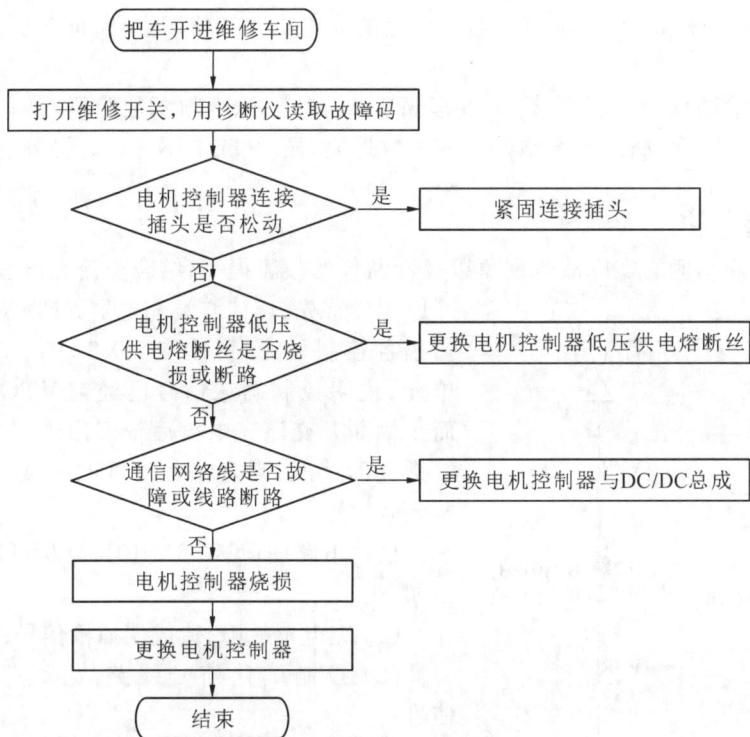

图5-2-9　故障诊断流程

② 查看万用表,万用表指针动了表示通电,没动就表示不通电。

或

① 打开汽车电源,用试灯检查,将试灯的夹子夹在车上的搭铁线处。

② 用试灯笔搭到熔断丝上,观看试灯,灯亮表示通电,灯不亮就表示接触不良。

若熔断丝烧损或电机控制器断路,则更换电机控制器供电熔断丝。

(4) 检查电机控制器网络通信。

① 断开电机控制器线束插接器。

② 根据电路原理,测量电机控制器CAN网络线路。

③ 用万用表测量电机控制器CAN-L B28-14引脚到网关G19-10和充配电总成B74-17线路的导通性。

④ 若不导通,则说明CAN-L端子发生断路了。

注意:在测量电阻导通性时不能带电测量。

4) 故障排除

修理或更换线束后,按下点火开关,仪表OK指示灯点亮,挂入D挡或R挡,观察驱动系统运行情况,正常则故障排除,否则继续排查故障原因。

2. 比亚迪E5交流充电指示灯常亮故障

1) 故障现象

车主孙师傅有一辆比亚迪E5轿车,车辆行驶里程为9万公里,车主反映,在不插充电枪时,打开点火开关无法正常上电,OK指示灯熄灭且充电指示灯点亮。将点火开关置于OFF挡,插枪充电,车辆仪表盘上红色的充电指示灯依旧点亮,但车辆无法正常进行慢充。

将故障诊断仪与车辆连接,进入车辆BMS通道,未读取到故障码存储。将点火开关置于OFF挡,读取BMS充电时的相关数据流,显示"充电不允许,无感应交流且充电接触器不吸合"。

2) 故障分析

根据待修车辆的实际故障现象以及诊断仪的故障提示,结合交流充电过程,分析故障原因。首先,连接交流充电器,使用VDS诊断仪扫描各控制单元,可读取到VTOG、BMS等控制单元,说明控制确认信号已经被VTOG检测到。而车辆断开交流充电枪后依旧出现交流充电指示灯常亮的情况,则意味着VTOG始终能接收到控制确认信号。

根据电路图(见图5-2-10),分析可能的故障原因如下:

(1) 充电枪故障,造成误插枪信号;

(2) 控制确认信号线路故障,造成误插枪信号;

(3) VTOG故障(局部短路),造成误插枪信号。

3) 故障诊断

根据故障点分析,结合图5-2-10,逐步进行以下检测。

(1) 在断电状态下,测量充电枪CC端子与PE端子之间电阻值,为680 Ω,正常,排除充电枪本身故障。

(2) 连接车辆充电枪与插座,关闭点火开关,测量B28(A)插接器13端子与搭铁之间的电阻,小于1 Ω,而正常值应大于10 kΩ,此测量值表示存在短路故障。

(3) 断开BJB01插接器,测量BJB01(A)插接器13端子与搭铁之间的电阻,小于1 Ω。由此判断短路点位置在交流充电插座到BJB01(A)插接器之间的线路上。

(4) 断开B53(B)插接器,测量交流充电插座CC端子与PE端子之间的电阻,大于10 kΩ,说明交流充电插座内部无短路。至此,确定短路位置位于B53(B)插接器至BJB01(A)插接器这段线束上。

4) 故障排除

更换B53(B)插接器至BJB01(A)插接器这段线束。将点火开关置于OFF挡,插枪充电,车辆仪表盘上的红色充电指示灯熄灭。确认故障排除。

3. 比亚迪E5无法上电故障

1) 故障现象

车主刘师傅有一辆2019款比亚迪E5轿车,车辆行驶里程为9万公里,车主反映,打开点火开关后,仪表OK指示灯不亮,无法正常换挡,SOC值(充电率)为73%,系统提示

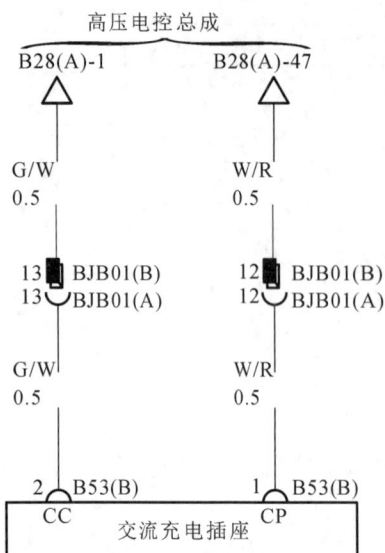

图5-2-10 比亚迪E5轿车交流充电口控制电路

"请检查动力系统",但是电动真空泵正常工作。

2) 故障分析

2019款比亚迪E5轿车的电池管理控制器(BMS)必须控制负极接触器、正极接触器和预充接触器,以确保车辆正常工作。在正常情况下,当踩下制动踏板并打开点火开关时,IG3继电器会吸合并开始工作,为BMS供电,从而唤醒BMS。BMS随后控制电池包内的负极接触器和预充接触器吸合,以形成动力电池的预充电。预充电成功后,BMS会控制预充接触器断开,然后使正极接触器吸合,最终完成上电过程,如图5-2-11所示。

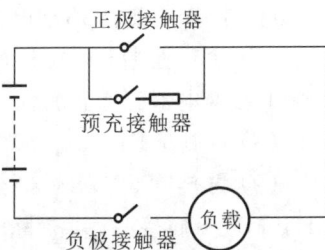

图 5-2-11 动力电池组上电

接车后确认故障现象,首先检查低压电池电压,为12.8 V,正常。再检查相关低压线束的插接情况,正常。最后连接车辆诊断仪读取故障码,故障码为P1A3400,显示"预充失败"。由以上故障现象可以初步判断不是由整车控制器引起的高压不上电。结合故障码,读取BMS的数据流,发现预充状态为未预充,正极接触器、负极接触器和预充接触器均为断开状态。确认是BMS未能正常工作导致的无法上电。

根据上述分析,怀疑线路存在故障。参照电池管理控制器部分的电路图(见图5-2-12)进行故障诊断。

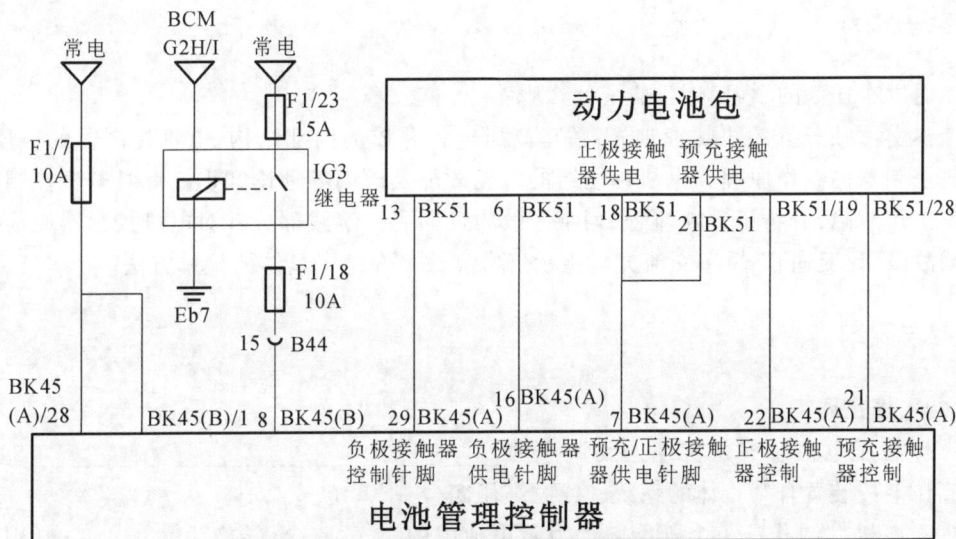

图 5-2-12 比亚迪E5电池管理控制器部分电路图

3) 故障诊断

根据故障分析结果,依次排查各段线路。

(1) 检查动力电池包的BK51/6端子电压,结果为0 V,异常。说明电池管理控制器负极接触器供电BK45(A)/16端子不能正常给电池包的BK51/6端子供电。

(2) 测量动力电池包的BK51/18和BK51/21端子供电,结果也是0 V,异常。说明预充/正极接触器供电BK45(A)/7端子不能给电池包BK51/18和BK51/21端子供电。

(3) 根据测量结果判断是IG3继电器不能给电池管理控制器供电。

(4）关闭点火开关，拔下BK45(B)线束插头。

(5）上电测量BK45(B)/8端子电压，结果为0 V，异常。

(6）初步判断，IG3继电器线路出现断路，无法正常供电。

(7）检查上端F1/18熔断丝，上电状态下测量熔断丝的两端电压均为13 V，正常，判断IG3继电器工作正常。

(8）再测量F1/18熔断丝本身的电阻为0.1 Ω，正常。

(9）再排除F1/18熔断丝下端到BMS的线束问题。关闭点火开关，拔下BMS的BK45(B)/8插接头，并测量F1/18熔断丝底座B44/15到BK45(B)/8的通断情况，发现两端电阻值为∞，异常。

(10）检查该段低压线束，发现其插接头上有松动退针现象。

确认故障是由F1/18熔断丝到BMS之间的供电线断路引起的，因此BMS无法控制负极接触器、正极接触器和预充接触器正常工作，无法上电。

4）故障排除

断开蓄电池负极，修复退针的针脚，将低压插头与BMS重新连接，连接蓄电池负极。再次将车辆上电，仪表OK指示灯亮起，上电成功，连接车辆故障诊断仪，清除诊断仪故障码后，再次读取故障码，无故障码显示，故障排除。

【学习小结】

通过本任务的学习，你学会了什么呢？

本学习任务介绍了比亚迪E5轿车高压电控总成的内部结构、电机控制器的组成、电机控制器的工作原理和电机控制器的常见故障及原因等理论知识。针对电机控制系统不工作故障，分析了诊断流程，列举了故障诊断码。实践部分针对电机控制器通信网络线故障、比亚迪E5轿车交流充电指示灯常亮故障介绍了具体的检修方法。

思考与练习

一、填空题

1. 高压电控总成是将纯电动汽车的_____、_____、_____、_____这4个高压电控装置合为一体的系统，又称"高压四合一"系统。

2. 电机控制器是一个既能将动力蓄电池中的_____电转换为_____电（用于驱动电机），又能将车轮旋转的_____转换为_____（给动力蓄电池充电）的设备。

3. VTOG控制器主要有_____与_____两大功能。

4. 高压互锁保护分为_____和_____两部分。

二、问答题

1. 电机控制器的常见故障有哪些？

2. 导致电机控制器故障的可能原因有哪些？

【任务工单5.2】 新能源汽车电机控制器检修

任务名称	新能源汽车电机控制器检修	学时	4学时	班级	
姓名		学号		成绩	
任务描述	现有一辆比亚迪E5轿车,车辆行驶里程为9万公里,车主反映,车辆无法行驶,仪表出现故障提醒。如何按照规范流程对该车进行检查和维护呢?				
任务目的	根据任务要求,安全、规范地检修电机控制器。				
车辆信息描述	VIN码		车辆行驶里程		
	驱动电机型号		驱动电机编号		

任务实施过程记录

一、资讯

在进行具体工作前,需要掌握电机控制器工作原理及检测的相关知识,请查阅相关资料回答下列问题:

(1)_____与驱动电机之间用三相交流高压线束连接,在行驶与制动时传递三相交流高压电。

(2)电机控制器与驱动电机之间连有低压线束,主要传递电机_____和_____等,用于判断当前电机的工作状态。

(3)在充电等工况下,_____通过单独的唤醒线对电机控制器进行唤醒。

(4)VCU通过_____对电机控制器进行驾驶意图和电机状态等信息的传输。

(5)针对电机控制系统不工作的现象,其可能发生故障的部位主要包括_____、_____和_____。

二、决策与计划

请根据任务要求,确定所需要的检测仪器、工具,并对小组成员进行合理分工,制订详细的诊断和修复计划。

1.实训要求

(1)了解并遵守实训室的安全规定,规范使用设备,确保自己和其他人员的安全。

(2)操作过程中应选择合适的工具并规范使用。

(3)明确操作流程,并按照标准化的操作流程进行作业。

(4)与任课老师积极交流,与同学协调配合,营造和谐的课堂气氛。

(5)遵守6S管理制度,实操完毕后对工具和设备进行整理和清洁。

(6)操作过程中产生废弃物料时,须按照环保要求进行分类和处理。

2.设备、工具及耗材

序号	设备与资料	工具及数量	耗材

3.小组成员分工

以3~5人为一组,选出组长并进行任务分工,将小组成员分工情况填入下表。

小组成员	姓名	任务分工
组长		
组员		

4.工作计划

序号	作业项目	操作要点

三、实施

1.基本检查

序号	检查项目	检查结果	原因/维护措施
外观检查			
1	整体是否有破损情况		
2	整体是否有变形情况		
3	插接器是否存在退针		
4	插接器是否存在损坏		
5	插接器是否存在脱落		
动态检查			
1	检查电机控制器汇流排固定螺栓		
2	检查电机控制器进、出水管		
3	检查高压电容		
4	检查低压线束插座		

2.初步诊断

连接故障诊断仪读取高压电控总成模块的数据信息。

序号	检查项目	检查结果	维护措施
1	动力蓄电池当前总电压		
2	动力蓄电池当前总电流		
3	漏电次数		
4	充电次数		
5	单次充电电量		
6	单次放电电量		
7	绝缘电阻值		
8	预充状态		
9	主控制器状态		
10	高压系统状态		
11	高压互锁状态		

3.高压总成供电检测

请将检测步骤填入下表。

序号	操作内容及步骤	遇到的问题及解决方法

4. 高压总成绝缘检测

请将检测步骤填入下表。

序号	操作内容及步骤	遇到的问题及解决方法

四、考核评价

考核评价表

考评项目	考评内容	配分	评分		
			自评	互评	师评
职业素养（40分）	考勤、着装	6			
	安全意识	8			
	责任、服务意识	8			
	团队意识	5			
	组织纪律	5			
	环境卫生	8			
技能操作（60分）	操作规范	12			
	表达熟练程度	12			
	资料查找	12			
	资料整理	12			
	任务完成情况	12			
合计		100			
总评	自评(30%)＋互评(30%)＋师评(40%)		综合成绩：		

五、任务小结

请简述实训过程中存在的问题点及改进建议。

思政园地

从八合一到十二合一，比亚迪电驱集成度的上限在哪里？

比亚迪发布e平台3.0 Evo，推出业界集成度最高的十二合一电驱，解决了行业痛点。该技术融合了物理集成和电气集成，展现了比亚迪在电动化领域的持续创新能力和技术实力。经过了最初的三合一、六合一、八合一，比亚迪将电驱集成度提高到了无以复加的程度。

万丈高楼平地起，现在的成绩源于过去的努力，要明白比亚迪的十二合一电驱技术，需要先拆解分析一下之前的八合一电驱。基于同样的道理，我们要先捋一捋集成电驱这些年从三合一到六合一再到八合一的演变过程及其背后的技术逻辑。

三合一电驱将电机、电机控制器和减速器三者合而为一。从这三个部件的核心材料和零部件可以看出，电机是机电部件，电机控制器是电子电气部件，减速器是机械部件。所以，三合一电驱属于三类不同零部件在物理结构上的集成。三合一电驱是比亚迪e平台2.0时代的产物，同样在这个平台上，"小三电"也实现了三合一。"小三电"指的是车载充电器（OBC）、直流转换器（DC/DC）和高压配电单元（PDU），将这三个电路板融合为一个充配电单元（CDU），便可以复用同一块主控芯片，共享电源管理电路和通信电路。共用壳体、线束这些结构件，不仅可以大幅度降低成本，还能简化防水防尘设计。由于小三电都是电子电气部件，因此，CDU属于电子电气层面的深度集成。

三合一电驱加上三合一的"小三电"，就组成了既有物理集成又有电气集成的六合一电驱。

到了e平台3.0时代，比亚迪没有采用六合一的形式，而是一步到位，直接把"大三电"里的电池管理控制器（BMS）和整车控制器（VCU）集成了进来，组成了八合一电驱。所以，八合一电驱的本质就是"小三电"和"大三电"的胜利"会师"。和"小三电"相比，电池管理控制器和整车控制器的集成难度要高得多，能否成功研发出八合一电驱系统也是衡量一家车企技术实力的重要标准。

十二合一电驱，比八合一电驱多了四个零部件。不过，堆数字不是为了炫技，而是为了解决行业痛点。智能升压模块旨在解决低压充电桩为800 V车型充电的问题。按照2015版《电动汽车传导充电系统标准》设计的充电桩大多为低压充电桩，要想给高电压车型充电，必须先升压。常规思路是做一个单独的直流升压模块将电压升上去，但这不仅不符合成本控制的逻辑，也体现不出比亚迪的技术实力。于是，比亚迪在电驱领域采取了创新措施，通过复用电机的功率模块和定子绕组，取代了传统的直流升压模块。

智能升流模块旨在解决基于2015版《电动汽车传导充电系统标准》设计的180 kW充电桩给400 V车型充电的问题。根据2015版国标，充电桩最大充电电流为250 A，给400 V车型充电时，充电桩把充电电压限定在400＋V，假设为440 V的话，乘以最大电流250 A，充电功率也只有110 kW。怎么办？比亚迪通过充电桩和整车电压平台的解耦，将电流恒定不变的传递路径断开了。这样一来，充电桩一侧最大电流仍是250 A，但电动车内部充电电流可以做到400 A。还是按照440 V的充电电压乘以400 A来算，充电功率可以做到 176 kW,这样就能全面发挥充电桩的实力了。

智能自加热模块旨在解决低温条件下充电效率大打折扣的问题。电池充电的本质是锂离子通过电解质从正极向负极迁移的过程,在低温条件下,锂离子传导过程变慢,当然就延长了电池充电的时间。比亚迪通过脉冲自加热,先将电池温度提升到一个合适的区间,再进行充电,这样就大大提高了充电效率。

至于第 4 个模块——能量管理智控系统,更是涉及多个领域、多个学科的复杂技术。

23 000 r/min,有谁比我更能转?当比亚迪抛出全球量产最高转速为 23 000 r/min 的电机时,全栈自研了最高转速 22 000 r/min 的 DriveOne 的华为收起了遥遥领先的标签,联合自研了最高转速 21 000 r/min 的超级电机 V6 的小米自觉地往后站了站,全栈自研了最高转速 20 000 r/min 电机的特斯拉默默羞红了脸。大家之所以铆足了劲在电机转速上你追我赶,绝对不是为了数字更好看,便于技术传播和打营销战,而是因为,高转速电机有着低转速电机不可比拟的优点。

第一个优点当然是提高汽车的极速,带来更好的运动性能。对那些不怎么在乎汽车极速的非运动车型来说,提高电机最高转速,也有利于扩大电机高效区间的占比,带来更加稳定的续航表现。

第二个优点是降低电机的尺寸,把节省下来的电驱布置空间让给宝贵的乘员舱空间。提高电机的转速之所以能够降低电机的尺寸,这是由电机学原理决定的。根据电机功率计算公式,功率等于一个电机结构常数、电机磁通与转速三者的乘积,所以在一定的功率下,电机转速越高,需要电机提供的磁通量就越低。虽然磁通量与电机尺寸并非绝对线性正相关,但在铁芯材料、绕组设计和磁路结构固定的情况下,电机尺寸是影响电机磁通量的主要因素,电机尺寸越小,磁通量越低。也就是说,电机最高转速越高,电机的尺寸就越小。

不过,制作高转速电机需要解决很多技术难题。例如,电机转子在高速运转时需要承受更大的离心力,这就要求轴承必须有足够的强度以有效支撑转子;需要配备高效的冷却系统来控制电机永磁体的温度,确保其保持在合理范围内,以防止退磁和电机性能下降。力、热、声、光、电、磁是物理学的六大分支,上面说的挑战集中在力和热的方面,其他方面要解决的问题还有很多。

就在人们认为,电动汽车的竞争进入了智能化的下半场,电动化的赛道里已经没有了创新的空间。比亚迪发布了 e 平台 3.0 Evo,单单一个十二合一的超高集成度电驱就非常令人震撼。

智能化赛道当然还在狂卷,但是,电动化的竞争同样战事正酣!

参 考 文 献

[1] 李琼,易宏彬.新能源汽车驱动电机与控制技术[M].北京:北京邮电大学出版社,
    2019.
[2] 严朝勇.电动汽车电机控制与驱动技术[M].北京:机械工业出版社,2018.
[3] 张利,缑庆伟.新能源汽车驱动电机与控制技术[M].北京:人民交通出版社,2018.
[4] 龙志军,王远明.新能源汽车驱动电机技术[M].北京:机械工业出版社,2023.
[5] 赵振宁,赵宇.新能源汽车电机及电机控制系统原理与检修[M].北京:北京理工大学
    出版社,2019.